신문이 보이고 뉴스가 들리는 **22**

재미있는
세계사 이야기 2

신문이 보이고 뉴스가 들리는 ㉒
재미있는 **세계사 이야기 2**

개정판 1쇄 발행 | 2014년 5월 28일
개정판 8쇄 발행 | 2022년 3월 1일

지   은   이 | 남동현
그   린   이 | 서용남
감   수 | 서울대학교 뿌리깊은 역사나무

펴 낸 곳 | (주)가나문화콘텐츠
펴 낸 이 | 김남전
편 집 장 | 유다형
편   집 | 이보라 김아영 설예지
외 주 편 집 | 오경자
디 자 인 | 양란희
외주 디자인 | 김경미
마 케 팅 | 정상원 한웅 정용민 김건우
관   리 | 임종열

출 판 등 록 | 2002년 2월 15일 제10-2308호
주   소 | 경기도 고양시 덕양구 호원길 3-2
전   화 | 02-717-5494(편집부) 02-332-7755(관리부)
팩   스 | 02-324-9944
홈 페 이 지 | ganapub.com
이 메 일 | ganapub@naver.com

ISBN 978-89-5736-668-4 (74900)

*책값은 뒤표지에 표시되어 있습니다.
*이 책의 내용을 재사용하려면 반드시 (주)가나문화콘텐츠의 동의를 얻어야 합니다.
*잘못된 책은 구입하신 서점에서 바꾸어 드립니다.

*'가나출판사'는 (주)가나문화콘텐츠의 출판 브랜드입니다.

「이 도서의 국립중앙도서관 출판시도서목록(CIP)은 서지정보유통지원시스템 홈페이지(http://seoji.nl.go.kr)와 국가자료공동목록시스템(http://www.nl.go.kr/kolisnet)에서 이용하실 수 있습니다.(CIP제어번호: CIP2014009806)」

• 제조자명 : (주)가나문화콘텐츠
• 주소 및 전화번호 : 경기도 고양시 덕양구 호원길 3-2 / 02-717-5494
• 제조연월 : 2022년 3월 1일
• 제조국명 : 대한민국
• 사용연령 : 4세 이상 어린이 제품

신문이 보이고 뉴스가 들리는 재미있는 세계사 이야기 2

22

글 남동현 | 그림 서용남
감수 서울대학교 뿌리깊은 역사나무

가나출판사

| 머리말 |

미래의 꿈을 가꾸는
지구마을의 친구들

　지금으로부터 120년 전 우리 선조들은 서양의 새로운 문물을 받아들이기 위하여 정치적인 선택을 했어요. 그 선택을 1894년 갑오개혁이라고 해요. 이것은 거칠게 몰아치는 외국의 침략 속에서 살아남기 위한 개혁이었어요. 하지만 근대 문물을 받아들이려는 이러한 노력은 외국 세력의 침략으로 어려움을 겪었지요. 여기에 일제 강점과 남북한의 분단과 전쟁으로 인한 고통까지 경험했답니다. 그렇지만 오늘날 우리나라의 경제는 놀랄 만큼 발전했어요. 사람들은 여유를 가지게 되었고, 삶의 질은 높아졌어요. 어느덧 우리나라는 선진국의 대열에 진입할 만큼 성장하였고, 여러 나라와의 관계 속에서 큰 역할을 하고 있어요. 세계 여러 나라들은 우리나라의 성공을 부러워해요. 아주 짧은 시간에 기적과 신화를 이루었기 때문이지요.

　우리가 살고 있는 21세기는 지구가 하나의 마을과 같은 '지구촌 시대'라고 한답니다. 우리는 인류 역사가 시작된 이후 그 어느 때보다 급격한 변화의 소용돌이 속에 살고 있어요. 정보와 통신, 컴퓨터와 전자 기기의 변화는 지금보다 앞으로 더욱 빠르게 이

　루어질 것입니다. 그런데 이러한 물질적인 변화를 올바르게 이용하기 위해서는 도덕성과 윤리, 평화와 인권, 환경과 생태 보존, 생명 존중과 다문화에 대한 이해와 판단, 선택이 무엇보다 중요해요.

　이 책을 읽으면서 여러분은 세계에 대하여 흥미와 관심을 갖게 되고, 우리 인류 모두가 변화의 주인공이었음을 알기 바랍니다. 세계는 모든 사람들이 어우러져 함께 살아가는 소중한 공간이란 점도 기억해요. 그리고 미래를 살 우리에게 내일을 예측해 주고, 보다 나은 미래를 만들어 주는 것은 우리들의 몫이라는 점을 마음속에 새기길 바랍니다.

세계사 이야기 친구, 샛별중학교 교장
남동현

| 추천의 글 |

알고 보면
　　매우 가까운 세계사 이야기

　텔레비전이나 신문, 인터넷에서는 항상 다른 나라의 소식들이 들려옵니다. 우리 이야기도 아닌데 왜 이런 것을 알아야 하나 생각이 들기도 하지요. 그러나 우리는 지금 전 세계가 한 마을처럼 서로 교류하고 소통하는 지구촌 시대에 살고 있어요. 다른 나라에서 벌어지는 일들이 우리 사회에 영향을 주고, 또 우리나라에서 벌어지는 일들이 다른 나라에 영향을 미치는 그런 시대인 것이에요. 그래서 다른 나라에 대해 관심을 갖는 것은 우리에 대해 이해하는 것만큼 중요한 문제랍니다.

　어떻게 하면 다른 나라에 사는 사람들의 생각과 문화를 알 수 있을까요? '그들이 어떻게 해서 우리와 다른 문화를 가지게 되었을까?', '왜, 그들은 그와 같이 생각하게 되었을까?'를 곰곰이 따져봐야 합니다. 이때 그들이 살아온 발자취, 곧 그들의 역사를 알게 되면 이와 같은 궁금증을 해결할 수 있어요. 그들의 역사가 바로 세계사랍니다. 세계사를 살펴보면서 우리는 여러 나라가 어떻게 지금의 모습을 이루게 되었는지 알 수 있고, 오늘날 세계 각지에서 일어나는 사건들이 왜 일어나는지 이해할 수 있어요.

　세계사는 단순히 여러 나라의 역사만을 의미하는 것은 아니에요. 세계사는 말 그대로 세계의 역사를 의미하고, 세계를 만들어 나간 인류의 역사를 의미해요. 따라서 우리는 인류의 역사를 돌아보면서 과거 사람들이 겪었던 어려움과 고민들에 대해 생각

　해 볼 수도 있고, 그들의 문제 해결 방법을 살펴보면서 우리가 지금 당면한 어려운 문제들을 해결할 수 있는 길을 찾을 수 있지요. 그리고 세계의 역사 속에서 우리나라의 역사를 바라봄으로써 우리 역사를 보다 깊게 이해할 수 있어요.

　〈신문이 보이고 뉴스가 들리는 재미있는 세계사 이야기 1·2〉는 세계 곳곳의 사람들이 어떻게 삶을 꾸려왔는지 이야기를 담고 있습니다. 고대 세계의 화려한 문명이 어떻게 만들어지고, 거대한 제국들이 어떻게 생겨났는지, 유럽 사회에서 종교가 어떤 역할을 했고, 지금 우리가 당연하게 여기는 민주주의 사회는 어떻게 등장하게 되었는지, 냉전 시대는 어떤 시대인지 등. 어린이 여러분들이 궁금할 만한 이야기와 우리 사회를 이해하는 데 보다 도움이 되는 내용으로 알차게 구성되어 있어요. 인류가 처음 등장한 때부터 지금까지의 역사를 쉽게 풀어내서 들려주는 이야기를 따라가다 보면, 어느새 여러분은 어렵고 복잡하다고 느꼈던 세계사를 친근하게 여기게 될 것입니다.

　이 책을 통해 많은 어린이가 세계사를 올바로 이해하는 것은 물론 이를 바탕으로 자기 삶에 주도적이면서 성숙한 시민으로 성장해 나가기를 바랍니다.

서울대학교 뿌리깊은 역사나무
김태웅 교수

| 차 례 |

머리말 · 4
추천의 글 · 6

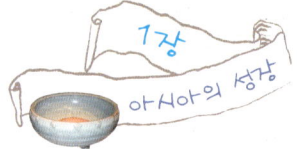

아시아의 성장 · 12

한족의 나라를 다시 세우다 · 14
만주족이 중국을 지배하다 · 18
명나라와 청나라가 닮았다 · 22
인도에 강력한 이슬람 왕조가 들어서다 · 26
일본, 독특한 봉건제를 완성하다 · 30
오스만 튀르크가 대제국을 이루다 · 34

서양 근대 사회의 발전 · 38

그리스와 로마 문화가 다시 살아나다 · 40
특집 | 르네상스의 예술과 과학 · 42
신의 은총은 돈으로 사는 것이 아니다 · 44
향신료와 황금을 찾아 떠나다 · 48
신항로 개척은 아메리카와 아프리카에 재앙이었다 · 52
짐이 곧 국가다 · 56
특집 | 과학 혁명과 이성의 시대 · 60

혁명의 시대 · 64

왕권과 의회가 대립하다 · 66

아메리카 인이 영국의 식민지에서 벗어나다 · 70

바스티유 감옥을 습격하라 · 74

기계를 이용해 대량 생산을 시작하다 · 78

자유주의와 민족주의가 발전하다 · 82

특집 | 1800년대 유럽의 문화 · 88

아시아의 시련 · 92

중국, 서양에 문을 열다 · 94

민중의 힘으로 중국을 세우다 · 98

일본, 제국주의 국가로 나서다 · 102

인도가 영국의 지배를 받다 · 106

인도 국민 회의가 영국에 맞서다 · 110

동남아시아 각국이 침략에 맞서다 · 114

서아시아 세계가 변하다 · 118

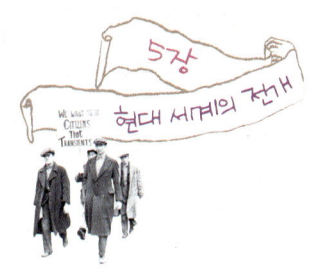

현대 세계의 전개 · 122

두 발의 총성으로 세계 대전이 일어나다 · 124

최초의 사회주의 국가가 등장하다 · 128

경제 대혼란이 일어나다 · 132

또다시 전쟁이 세계를 뒤흔들다 · 136

아시아와 아프리카가 식민 지배에서 벗어나다 · 140

유대 인과 아랍 인이 대립하다 · 144

중국에 공산당이 들어서다 · 148

베트남에 사회주의 국가가 들어서다 · 152

사회주의가 무너지다 · 156

인류, 우주 시대를 열다 · 160

사진 출처 · 164
찾아보기 · 165

1장

1299년
오스만 제국 성립

1368년
중국, 명나라 건국

1405년
명나라 정화의 원정

아시아의 성장

동아시아에서는 명나라와 청나라가 차례로 중국을 다스렸으며,
일본에서는 에도 막부가 들어섰어요. 중앙아시아에서는 이슬람 정복 왕조가 발전했고,
인도에서는 무굴 제국이 인도 전 지역을 통합했어요.
또한, 오스만 제국은 서아시아, 아프리카, 유럽 등 세 대륙에 걸쳐 번영을 누렸지요.
아시아의 여러 제국들은 강력한 왕권을 바탕으로
유럽에서부터 아프리카, 인도양까지 넘나들면서 발전했답니다.

1526년
인도, 무굴 제국 성립

1603년
일본, 에도 막부 성립

1616년
중국, 후금(청) 건국

1644년
중국, 청나라 중국 통일

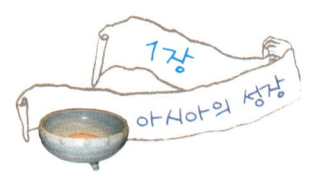

1장 아시아의 성장

한족의 나라를 다시 세우다

유교적 질서를 다시 세우다

명나라를 세운 주원장은 가난한 소작농의 막내아들로 태어났어요. 전염병으로 가족이 모두 죽자 그는 굶주림에서 벗어나려고 떠돌이 승려가 되었어요. 그 후 그는 원나라에 반발하여 일어난 홍건적의 무리에 들어갔어요. 홍건적은 머리에 붉은 수건을 둘렀기 때문에 붙은 이름이랍니다.

주원장(홍무제)

주원장은 홍건적의 우두머리가 된 뒤 분열되어 있던 여러 세력을 굴복시켰어요. 그리고 '원나라를 무너뜨리고 한족의 나라를 세운다.'는 깃발을 내걸고 원나라를 공격하여 무너뜨렸어요. 그동안 원나라의 차별 정책에 시달리던 한족 지식인, 관리, 지방의 지주들은 주원장의 활약을 지지했지요.

주원장은 마침내 1368년 난징에 도읍을 정하고 새로 지은 궁전에서 하늘과 땅에 제사를 지냈어요. 그리고 나라 이름을 '대명'이라 정하여 황제의 자리에 올랐답니다.

명나라의 태조가 된 주원장은 몽골 족의 풍습을 모두 버리고 한족의 전통문화를 되살리기 위해 노력했어요. 그래서 원나라에서 폐지한 과거 제도를 부활하고, 촌락에 사는 백성들에게도 유학을 가르쳤지요. 그리고 이갑제를 실시해 향촌을 다스리는 기틀을 마련했어요. 이갑제는 110호를 하나로 묶어 세금도 걷고 사회 질서도 유지할 수 있도록 만든 향촌 조직이었어요.

베이징의 자금성 전경

자금성은 명나라의 세 번째 황제 영락제 때 지은 궁전이야.

서양보다 앞서 신항로를 개척하다

태조 주원장(홍무제)의 넷째 아들로 명나라의 제3대 황제에 오른 영락제는 수도를 지금의 베이징으로 옮기고, 그곳에 자금성을 지었답니다.

영락제는 황제권을 강화하고, 몸소 대외 원정에 나섰어요. 그는 북쪽 장성을 넘어 몽골 족을 공격했고, 환관 정화를 파견해 아프리카의 동해안까지 진출했어요. 정화는 황제의 명을 받아 1405년부터 약 30년 동안 7차례나 대항해를 추진하여 명나라의 이름을 널리 알렸답니다.

정화는 중국 남쪽에서 출발하여 동남아시아의 믈라카 해협을 거쳐 인도 서해안의 캘리컷에 이르렀어요. 캘리컷은 원나라 때부터 중국 상인들이 많이 살던 곳이었지요. 그리고 서쪽으로 더 나아가 아라비아 반도와 아프리카의 동해안까지 갔어요. 이러한 활동으로 명나라는 30여 나라에서 조공을 받았고, 진귀한 물건과 향료도 많이 얻었답니다.

명나라 중기에 이르러 경제가 크게 발전했어요. 양쯔 강 중류 지방은 곡창 지대로 발전했고, 하류 지역에는 상공업과 도시가 발달했지요. 당시 명나라에서 생산된 비단, 차, 도자기 등은 주변 나라뿐만 아니라 이슬람 상인, 유럽 사람들에게도 인기가 있었어요. 이처럼 경제가 발전하자 지주들은 물론 농민이나 상인, 수공업자들의 생활이 여유로워졌어요.

무리한 지원과 부패 정치로 나라가 망하다

명나라 말기에 사회가 혼란해지자 장거정이 개혁 정치를 폈어요. 그는 어린 황제 만력제의 옆에서 흐트러진 관료들의 기강을 바로잡고 나라의 재정을 확보하기 위해 노력했어요.

그러나 장거정이 죽은 뒤에 만력제는 자신의 무덤인 지하 궁전을 호화롭게 짓고, 조선에서 임진왜란이 일어나자 대규모 지원군을 보냈어요. 이 때문에 나라 재정이 어려워졌고, 각지에서 반란도 자주 일어났답니다. 게다가 황제를 비롯한 황족과 환관의 부패가 점점 심해졌지요.

부패 정치와 가뭄, 그리고 후금의 공격까지 겹쳐 살기가 너무 힘들었던 백성들은 점차 도적의 무리로 변해 갔어요. 그중 이자성이 농민들을 이끌고 반란을 일으켰지요. 이자성은 나라 이름을 '대순'이라 하고 베이징을 점령해 명나라를 무너뜨렸어요. 이때가 1644년이랍니다.

만리장성 동쪽 관문이자 후금군 방어의 요충지였던 산해관

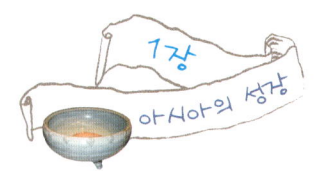

1장 아시아의 성장

만주족이 중국을 지배하다

여진족은 만주 동부 지역에 거주한 민족이었는데, 청나라가 들어선 후 만주족이라고 불렸단다.

누르하치

나라 이름을 '청'이라고 하다

만주족의 누르하치는 칭기즈 칸처럼 대제국을 세우는 큰 꿈을 가졌어요. 때마침 조선에서 임진왜란이 일어나 명나라가 군대를 파견해 막대한 군사비와 군량을 쓰고 있었지요. 누르하치에게 임진왜란은 명나라를 무너뜨릴 좋은 기회였어요. 먼저 만주족을 대부분 통일한 그는 여진족이 세운 금나라를 계승한다는 뜻에서 나라 이름을 '대금(후금)'이라 하고 황제가 되었어요. 이때가 1616년이랍니다.

누르하치는 명나라가 자기 할아버지와 아버지를 죽이고, 자신의 부족을 힘들게 했다는 등의 이유를 내세워 명나라를 공격했어요. 이 싸움에서 명나라와 조선의 연합군은 제대로 싸워 보지도 못하고 항복했어요. 누르하치의 군대인 팔기의 전투력이 매우 뛰어났기 때문이지요.

누르하치의 뒤를 이어 황제가 된 태종 홍타이지는 조선이 중국 통일에 방해가 될 수 있다고 판단해 두 차례나 조선을 침략했어요. 이로 인해 조선은 큰 피해를 입었답니다.

1636년에 태종 홍타이지는 나라 이름을 '대청'으로 바꾸었어요. 그 후 1644년 이자성의 군대가 명나라를 무너뜨려 혼란에 빠지자, 그 틈을 타고 중국으로 쳐들어가 베이징을 점령했어요.

청나라 군대가 쳐들어오자 명나라의 한족은 청나라에 반대하는 반청 운동을 치열하게 벌였어요. 그러나 청나라는 팔기군을 동원하여 한족을 진압하고 중국 통일을 완성했어요. 만주족이 세운 청나라는 원나라에 이어 중국 전체를 지배하는 두 번째 이민족 왕조가 되었답니다.

강희제, 옹정제, 건륭제가 전성기를 이루다

청나라는 강희제, 옹정제, 건륭제의 3대 130여 년 동안 전성기를 누렸어요. 강희제는 8세에 황제가 되면서 "오직 천하가 잘 다스려지고, 백성들은 생업을 즐거워하며, 더불어 태평성세를 누리기를 바랄 뿐"이라 말하여 주변을 깜짝 놀라게 했어요. 이후 강희제는 이상적인 정치를 펴고자 노력했어요. 그의 생활은 아주 검소해 명나라 황제가 쓰던 경비의 10분의 1도 채 들지 않았다고 해요. 강희제는 경비를 적게 쓰는 대신 백성들의 세금을 매년 줄였답니다. 그리고 61년 동안 황제로 있으면서 만주족 귀족과 한인 관료를 성공적으로 다스렸어요.

옹정제는 13년 동안 통치하면서 청나라의 기틀을 마련했어

갑옷을 입은 강희제

요. 특히 황위 계승을 둘러싼 다툼이 일어나는 것을 막기 위해 황태자를 미리 공개하지 않는 태자밀건법과 군사 기밀을 다루는 군기처를 만들었지요.

뒤를 이은 건륭제 때 청나라의 영토는 중국 역사상 가장 넓었으며, 경제적으로도 가장 풍요로웠어요. 이때 동아시아의 여러 나라는 물론 유럽도 중국과 무역하기를 원했지요. 이들은 중국 문화를 아주 높이 평가하고 부러워하기도 했답니다. 그러나 건륭제 이후 정치와 사회가 혼란에 빠지고 반란이 자주 일어나면서 청나라는 점차 위기에 빠졌어요.

머리를 땋은 중국 남자들

청나라는 중국을 지배하기 위해 중요 관직에 만주족과 한족을 같은 수로 등용하는 정책을 폈어요. 그리고 중국의 전통 문화를 존중하고 명나라의 제도를 그대로 계승했지요. 하지만 강경한 방식으로 한족을 통제하기도 했어요. 영화나 드라마에서 많이 볼 수 있는 중국 남성의 '변발'이 강경 정책의 예라고 할 수 있지요.

변발이란 만주족의 풍속 중 남자의 머리 모양을 말하는데, 주변 머리카락을 모두 깎고 뒤통수의 머리카락만 남겨서 등 뒤로 길게 땋아 내려뜨린 모양이지요. 만주족은 한족을 지배하기 위해 만주족의 머리 모양인 변발과 만주족의 옷차림인 호복을 강요했어요. 변발령에 따르지 않거나 만주족을 비판한 한족은 사형을 당하기도 했어요.

명나라와 청나라가 닮았다

신사가 지배층을 이루다

명나라와 청나라의 수도는 베이징이에요. 이곳에는 황제들이 살던 노란 지붕을 한, 세계에서 가장 큰 궁궐이 있어요. 그 궁궐을 자금성이라 부르는데, 5개의 문을 통해야만 들어갈 수 있었지요. 자금성에는 약 9,000개의 방이 있어요. 갓 태어난 황제의 아들이 매일 방을 바꾸어 잔다고 했을 때 한 바퀴 돌아 태어난 방에 이르면 27세가 된다고 해요.

명나라와 청나라는 지배한 민족이 한족과 만주족으로 달랐지만, 사회 모습은 크게 다르지 않았어요. 그 이유가 무엇일까요? 두 나라의 지배층이 같았기 때문이지요. 두 나라에서는 '신사'라고 불린 지배층이 있었어요. 이들은 조선 시대의 양반과 비슷했어요. 명나라와 청나라의 신사는 정치와 경제, 사회와 문화 등 모든 면에서 커다란 영향을 미쳤어요. 그리고 국가 정책에 협력하면서 지역 사회의 지도자로서 특권도 누렸지요.

보화전과 중화전

보화전 내부

태화전

경제와 대외 교류가 활발하다

명나라와 청나라 때는 경제가 크게 발전했어요. 농업 기술이 발달하고 경작지가 늘어나 수확하는 작물의 양도 크게 증가했어요. 그리고 외국에서 옥수수, 고구마, 감자와 같은 작물이 들어와 먹을거리도 많아졌으며, 인구도 빠르게 증가했어요. 또 양쯔 강 유역에서는 상공업이 발전하고 도시가 빠르게 발전했지요. 인구가 증가하면서 새로운 도시도 늘어났어요. 각지에는 면화, 차, 담배, 사탕수수 등 상품 작물이 재배되고 넓은 중국의 각 지역을 연결하는 대상인 집단이 등장했지요.

외국과 무역도 이루어졌는데, 광저우는 최고의 국제도시로 발전했어요. 당시에는 남중국해를 중심으로 거대한 동아시아 상업권이 형성되었는데, 무역을 하기 원하는 이슬람, 중국, 일본 상인 등이 참여했지요. 신항로 개척 후에는 유럽 상인들도 참여했어요. 그래서 중국은 비단, 차, 도자기 등을 많이 수출할 수 있었고, 막대한 양의 은이 들어왔어요.

유럽은 일찍부터 중국에 관심을 가지고 있었어요. 상인들은 막대한 은을 가지고 와 중국에서 비단, 도자기, 차 등을 사갔어요. 또 크리스트교를 널리 알리기 위해 선교사들도 중국에 왔지요. 이들이 중국에서 보고 들은 것을 유럽 사람들에게 전하면서 그들의 생활과 문화에도 변화가 나타났지요. 유럽의 유명한 궁전에는 중국 도자기나 타일로 장식한 방이 등장했고, 왕들은 이곳에서 중국식 차 모임을 가지기도 했어요. 그리고 중국의 의상을 걸치고, 병풍과 침대에는 중국인의 모습을 그려 넣기도 했어요. 당시 유럽 사람들에게 중국은 부러움의 대상이었고, 신비한 자기를 만드는 아주 잘 사는 나라였답니다.

중국식 병풍을 두른 거실 풍경

중국이야? 유럽이야?

야, 멋지다!

중국 양식의 유럽 도자기

1장 아시아의 성장 25

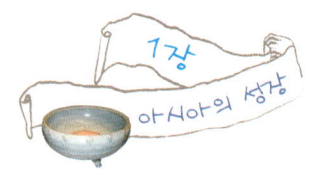

인도에 강력한 이슬람 왕조가 들어서다

티무르의 후손 바부르가 무굴 제국을 세우다

무굴 제국은 인도 역사상 가장 큰 영토를 다스린 나라로, 바부르가 세웠어요. 튀르크계 이슬람교도인 바부르는 몽골 제국을 세운 칭기즈 칸과 몽골 제국의 부활을 외치며 티무르 제국을 세운 티무르의 후손이라고 해요. 그래서 그의 꿈은 티무르 때의 땅을 차지하고, 칭기즈 칸의 영광을 다시 얻는 것이었어요.

1526년에 바부르는 대포를 맡은 포병대와 신속한 기동력을 갖춘 기병대를 활용하여 인도 델리에 있던 로디 왕조의 대군을 멋지게 물리쳤어요. 그 뒤 그는 델리와 아그라 등 갠지스 강 중류의 도시를 차지하고, 스스로 '인도의 황제'라고 선언했답니다.

바부르와 그의 후계자 후마윤

힌두교도와의 융합에 힘쓰다

제3대 황제에 오른 아크바르는 무굴 제국의 기초를 다졌어요. 아크바르는 남부 지역을 제외한 인도 전체를 통일하고, 수도를 아그라로 옮겼지요. 이후 일생을 영토 확장에 힘써 대제국을 건설했어요.

힌두교도가 많은 인도에서 정복 전쟁을 벌이던 아크바르는 이들의 협력을 얻어야만 안정과 번영을 가져올 수 있다는 사실을 깨달았어요. 그래서 힌두교도에게 내도록 한 인두세를 없애고, 관직과 군대도 개방했어요. 또 힌두교도인 라지푸트 족의 족장들에게는 자치권을 주어 이슬람 귀족과 같이 대우해 주었지요. 이러한 관용 정책을 바탕으로 이슬람 문화와 인도의 전통문화가 결합된 인도·이슬람 문화가 형성되었어요. 그리고 아크바르 때에는 궁정 생활, 전투, 일상생활, 종교 생활 등을 그린 다양한 회화가 발달했는데, 초상화나 인물화가 유달리 많았답니다.

한편, 아크바르는 글을 읽지 못했어요. 그래서 그림책을 많이 만들도록 하고, 글을 읽어 주는 사람을 늘 옆에 두어 공부도 열심히 했어요.

정통 이슬람주의를 추구하다

아크바르의 뒤를 이어 아들 자한기르와 손자 샤 자한이 차례로 황제에 올랐어요. '세계를 장악한 자'라는 뜻의 자한기르와 '세계의 황제'란 뜻의 샤 자한 때 무굴 제국은 번영을 누렸고, 인도·이슬람 문화가 크게 발달했답니다.

샤 자한의 아들인 아우랑제브는 무굴 제국 역사상 가장 넓은 영토를 차지했어요. 또 남부 힌두 왕국들을 정복해 무굴 제국의 세력을 인도 전역으로 확대했지요. 그런데 정통 이슬람교도였던 그는 궁정 안에 있던 힌두교적인 요소와 종교 관용 정책을 모두 없앴어요. 이러한 그의 정책은 힌두교도, 시크교도의 반발을 샀지요. 결국 무굴 제국은 힌두교도인 라지푸트 족, 마라타 족과 오랫동안 전쟁을 치러야 했고, 시크교도와도 사이가 나빠졌어요. 그 뒤 무굴 제국의 세력이 약해지면서 인도는 점차 영국의 지배를 받게 되었답니다.

시크교의 황금 사원

문화이야기

아름다운 무덤, 타지마할

 인도 아그라에 있는 타지마할은 얼핏 보면 궁전인 듯하지만, 실제는 황제 샤 자한이 황후 뭄타즈 마할을 위해 지은 무덤 건축이랍니다. 뭄타즈 마할이 14번째 아이를 낳다가 39세 나이에 세상을 떠나자, 황제는 황후를 위해 타지마할을 짓도록 했어요. 타지마할을 짓는 데에는 20여 년의 시간과 수만 명이 동원되었어요.

 타지마할은 인도의 전통문화와 이슬람 문화가 조화를 이룬 무굴 제국의 대표적인 건축물로 꼽히고 있어요. 흰색 대리석의 세밀한 보석 장식과 내부의 연꽃무늬, 돔 옆의 작은 탑은 인도의 전통 양식이며, 돔 지붕과 아치 입구, 그리고 첨탑은 이슬람의 건축 양식에 따른 것이랍니다.

 그리고 지붕에 해당하는 흰색 대리암의 돔은 황후를, 네 귀퉁이에 있는 뾰족탑은 황제를 상징하는데, 마치 황제가 사랑하는 황후를 사방에서 항상 지켜 주는 느낌을 주지요.

타지마할

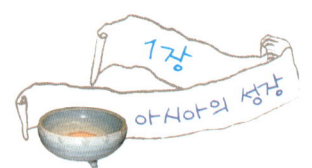
1장
아시아의 성장

일본, 독특한 봉건제를 완성하다

도요토미 히데요시가 대륙 진출을 꿈꾸다

1500년대 후반에 등장한 오다 노부나가는 일본 통일을 꿈꾸었어요. 그는 나가시노 전투에서 조총을 사용하여 무로마치 막부를 무너뜨렸지요. 정작 노부나가의 뜻을 이은 사람은 그의 가신 도요토미 히데요시였어요.

도요토미 히데요시는 노부나가의 후계자 자리를 놓고 다투던 도쿠가와 이에야스와 화해하고, 일본 통일을 이루었어요. 그리고 그는 오사카에 성을 짓고 그곳에서 정치를 하고, 토지 조사를 실시하여 조세 수입을 대폭 늘렸어요.

한편, 도요토미 히데요시는 아무도 시도하지 않았던 대륙 정복을 추진해 자신의 힘을 과시하고자 했지요. 그래서 조선 침략에 나섰어요.

오사카 성

도요토미 히데요시는 1592년에 20만 대군을 보내 조선을 침략했어요. 이것이 바로 임진왜란이에요. 그러나 그는 이순신이 이끈 수군과 의병이 활약한 조선을 이기지 못했어요. 이때 명나라도 조선을 지원했어요. 1597년 그는 다시 조선을 침략했으나 야망을 이루지 못한 채 죽음을 맞았고, 일본군도 조선에서 물러갔어요.

전쟁에 휩싸였던 조선과 명나라, 일본 세 나라는 이 전쟁으로 큰 피해를 입었어요. 싸움터가 되었던 조선은 막대한 인적·물적 피해를 입었고, 중국에서는 명나라가 쇠약해지고 여진족(만주족)의 힘이 커졌지요.

일본 특유의 봉건제와 조닌 문화가 발달하다

도요토미 히데요시가 죽은 뒤 일본에서는 전국의 다이묘가 권력을 둘러싸고 동과 서로 나뉘어 싸웠어요. 동군을 지휘한 도쿠가와 이에야스가 이 싸움에서 승리하고 권력을 장악하여 쇼군에 임명되었어요. 그는 1603년 지금의 도쿄에 해당하는 에도에 막부를 열었어요. 도쿠가와 이에야스는 쌀 400만 석이 나는 직할령과 주요 항구, 도시, 광산 등을 직접 지배했어요. 그리고 그 외 지역은 다이묘에게 주어 다스리도록 했어요. 이것을 '번'이라고 하지요. 이처럼 막부와 번이 토지와 백성을 각각 지배한 체제를 '막번 체제'라고 해요.

한편, 에도 막부는 다이묘를 감시하고 통제하기 위해 다이묘의 가족을 에도에 머물게 했어요. 그리고 다이묘는 에도와 자신의 영지를 1년씩 교대로 왕래하게 했지요. 이러한 제도가 운영되면서 에도를 중심으로 교통과 상업이 크게 발달했어요.

상업이 점점 발달하자 조닌이라고 불린 상인들의 세력이 커졌어요. 그리고 이들을 중심으로 새로운 문화가 형성되었는데, 이것을 '조닌 문화'라고 해요. 가부키 공연과 채색 판화인 우키요에가 대표적인 조닌 문화예요. 특히 가부키는 주로 서민의 애환과 사회 현실을 생생하게 보여 주었고, 배우가 입는 의상과 무대 장치가 화려했기 때문에 사람들이 좋아했어요. 당시 대도시에 가부키 공연을 위한 상설 무대가 만들어질 만큼 인기가 높았지요.

가부키 공연

에도 막부는 무역을 독점해 항해 허가증을 가진 선박만 무역을 할 수 있도록 했어요. 막부는 무역의 발전을 위해 처음에는 크리스트교를 묵인했지만, 점차 신도 수가 늘어나자 크리스트교를 믿지 못하게 하고 선교사를 내쫓았어요. 그리고 일본인의 해외 왕래와 교역을 강력하게 통제했어요. 그러나 에도 막부는 중국, 조선과 외교 관계를 맺었어요. 일본은 쇼군이 바뀔 때마다 조선에 통신사를 요청했는데, 조선의 선진 학문과 기술을 배우고자 했기 때문이지요. 또 네덜란드를 통해 서양의 학문을 받아들여 연구했는데, 이를 '난학'이라고 하지요.

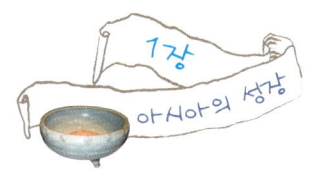
1장
아시아의 성장

오스만 튀르크가 대제국을 이루다

세 대륙을 지배하는 강자가 되다

셀주크 튀르크와 비잔티움 제국의 국경 지대인 아나톨리아 지방에서 살던 오스만 튀르크가 주변의 크리스트교도와 이슬람교도를 정복하여 1299년에 나라를 세웠어요. 그 뒤 오스만 튀르크는 티무르 제국에게 크게 패하고 국왕이 포로가 되는 등 위기를 겪었지만, 티무르가 죽은 후 곧 국력을 회복했어요. 이후 강력한 해군과 예니체리라는 정예 군대가 비잔티움 제국, 헝가리, 베네치아가 중심이 된 유럽 연합군을 물리쳤지요.

1453년 오스만 튀르크의 술탄 메흐메트 2세는 콘스탄티노폴리스를 점령하고 비잔티움 제국을 멸망시켰어요.

메흐메트 2세는 콘스탄티노폴리스로 수도를 옮긴 뒤 도시 이름을 이스탄불로 고쳤어요. 그 뒤 이스탄불은 보스포루스 해협을 가운데 두고 유럽과 아시아 대륙에 걸쳐 있는 동서 무역의 중심지로 크게 발전했지요.

다양한 민족과 종교를 인정하다

오스만 제국의 전성기를 이끈 술탄은 술레이만 1세였어요. 그는 법률 제도를 개혁하고, 관료 체제를 완성했어요. 또 프랑스와 손을 잡고 에스파냐 왕이자 신성 로마 제국의 황제인 카를 5세와 싸웠지요. 그리고 헝가리 왕국을 점령하고, 오스트리아의 빈을 포위했는데, 빈의 저항이 매우 강해 정복하지는 못했답니다. 그러나 유럽 연합 함대를 격파하여 지중해의 주인이 되었으며, 홍해와 아라비아 해 연안도 장악했지요. 이로써 바다와 육지에서 동서 무역의 이권을 모두 차지했어요. 그래서 그를 '위대한 왕'이라고도 해요.

너른 영토를 차지한 오스만 제국은 나라 안의 다양한 인종을 다스리기 위해 우수한 관료 조직과 다양한 장치들을 마련했어요. 인종이 다양하듯 언어와 종교도 다양했어요. 그래서 이슬람교도, 그리스 정교도, 로마 가톨릭교도, 유대교도 등 각 종교 공동체를 인정해 주었고, 세금만 잘 내면 고유의 언어와 종교 등 자치를 허용했어요.

블루 모스크

한편, 제국의 중심축에 있던 군대는 예니체리였어요. 이것은 술탄의 친위 부대이자 유럽 최강의 군단이었어요. 오스만 제국은 많은 크리스트교 국가를 지배하면서 그들 나라에서 젊은 청년들을 강제로 모아 이슬람교도로 개종시켜 여기에 편입시켰지요. 이런 정책을 통해 오스만 제국은 크리스트교의 종교 의식을 없애고, 이슬람교로 동화시키고자 했어요. 예니체리는 좋은 대우를 받았고, 높은 관직에 오르는 데 유리했어요. 그래서 크리스트교도 중에는 자기 자식을 예니체리에 지원시키려고 하는 이들이 많았어요.

우리의 일상생활에는 오스만 제국이 남긴 문화유산이 많은데, 그중 커피숍과 튤립을 꼽을 수 있어요. 특히 튤립은 오스만 궁전에서 재배되던 꽃이 네덜란드로 전해져 전 세계로 퍼져 나간 것이지요.

아시아와 유럽이 공존하는 이스탄불

이스탄불은 현재 터키의 최대 도시로, 비잔티움 제국 시대에는 콘스탄티노폴리스라고 불리다가 오스만 제국이 차지하여 수도의 역할을 하면서 이스탄불이라는 이름을 갖게 되었지요. 1923년 터키 공화국이 세워진 후 터키의 수도는 앙카라로 바뀌었지만, 많은 사람들이 아직도 이스탄불을 터키의 수도로 알고 있어요.

이스탄불은 두 대륙에 걸쳐 있는 특이한 도시랍니다. 보스포루스 해협을 사이에 두고 서쪽은 유럽, 동쪽은 아시아에 속해 있지요. 그래서 이스탄불을 유럽과 아시아의 문화가 공존하는 도시라고 해요.

유럽에 속한 이스탄불은 경제 활동의 중심지로 굉장히 활기찬 반면, 아시아에 속한 이스탄불은 거주지의 성격이 강해서 차분함을 느끼게 합니다. 많은 사람들이 아침에는 유럽 대륙으로 달려가고, 저녁에는 아시아 쪽의 집으로 퇴근하는 경우가 흔해요. 그래서 출퇴근 시간에 두 대륙을 넘나드는 수많은 차량 때문에 이스탄불의 교통 체증은 악명이 높지요.

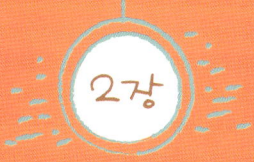

2장

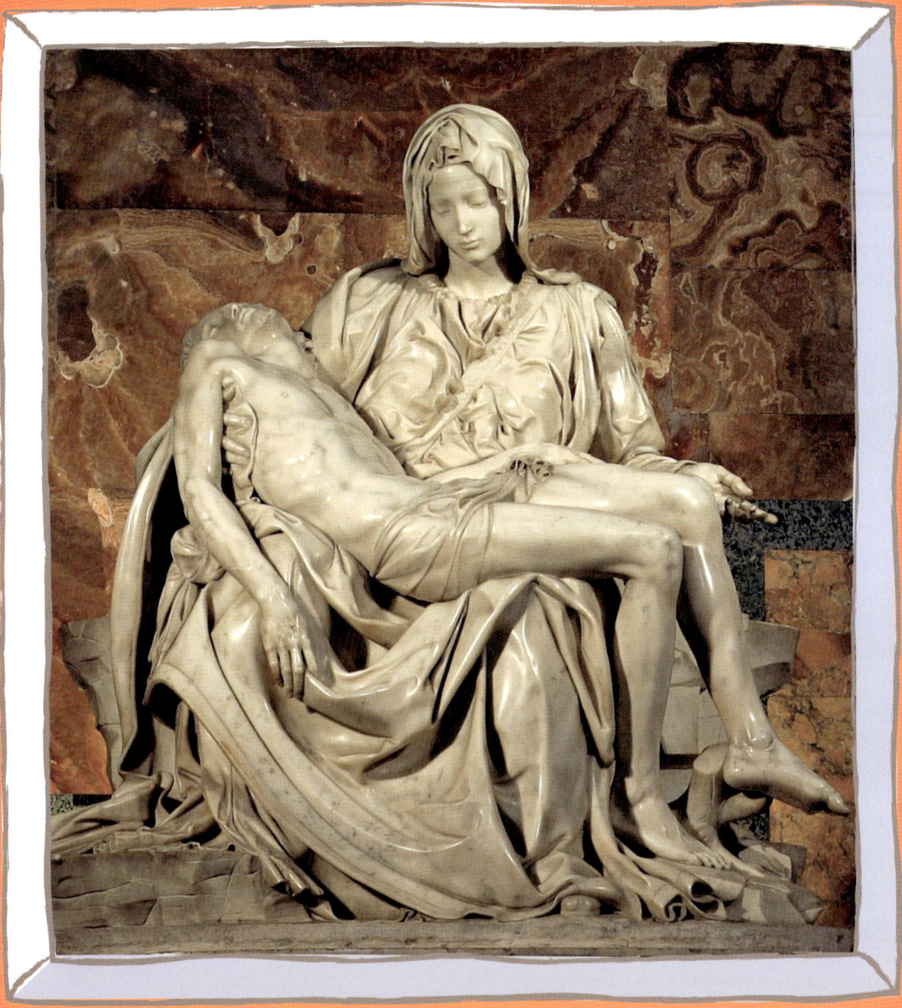

1300년대
유럽, 르네상스

1492년
콜럼버스, 아메리카 항로 개척

1517년
루터, 종교 개혁

1519년
마젤란, 세계 일주 시작

1536년
칼뱅, 종교 개혁

서양 근대 사회의 발전

1300년대부터 1500년대까지 유럽은 큰 변화를 겪었어요.
봉건 사회가 무너졌으며, 르네상스와 종교 개혁을 거치면서 합리주의와 개인주의 같은
근대 의식이 자라났지요. 그러면서 유럽은 점차 근대 국가의 모습을 갖추었답니다.
새로운 항로의 개척 이후 상공업도 발전했어요. 이에 왕권이 강화되고,
상공 시민 계층이 성장했지요. 그리하여 새로운 근대 사회와 근대 문화가
발전하기 시작했어요. 또한 절대 왕정 시대를 거치면서 시민 계급이 성장하여
자본주의가 점차 발달했으며, 1700년대에는 시민 혁명이 일어났답니다.

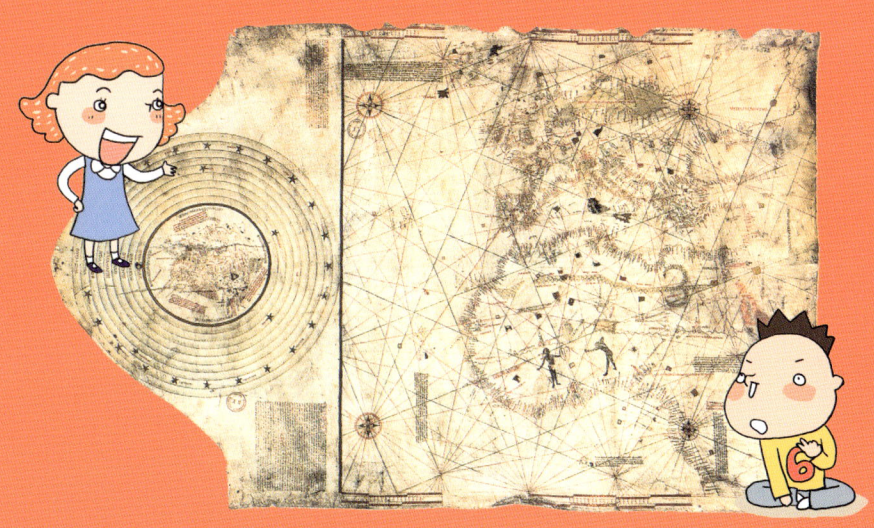

1555년
아우크스부르크
종교 화의

1588년
영국, 무적함대 격파

1600년
영국, 동인도
회사 설립

1618년
유럽, 30년 전쟁

2장 서양 근대 사회의 발전

그리스와 로마 문화가 다시 살아나다

유럽에서는 1300년대 이후 고대 그리스와 로마 시대의 문화에 대한 관심이 높아졌어요. 이렇게 시작된 움직임을 '르네상스'라고 해요. 르네상스는 프랑스 말로 '부흥', '재생'이란 뜻인데, 잃어버린 것, 사라져간 것을 되살린다는 뜻이에요. 르네상스는 신 중심적인 중세 문화에서 벗어나 그리스와 로마 시대의 인간 중심적인 문화를 추구했어요. 봉건 제도와 교회의 간섭에서 벗어난 '자유로운 인간'의 모습을 원했지요.

르네상스는 이탈리아에서 시작되었어요. 당시 동방과 무역을 한 이탈리아 도시의 상인들은 많은 돈을 벌었어요. 밀라노, 피렌체, 베네치아는 대표적인 도시였고, 막대한 돈과 권력을 쥔 도시 상인으로는 피렌체의 메디치 집안을 꼽을 수 있지요. 메디치 가문처럼 경제적으로 여유가 있던 부자들이 훌륭한 궁정에 살면서 학자, 예술가, 정치가들을 보호하고 도와주었어요. 그래서 많은 예술가나 학자들이 그들의 지원을 받기 위해 모여들었지요. 이때의 예술가들은 인간들의 감정을 솔직하게 표현하였고, 인간과 자연의 아름다움을 사실적으로 표현했어요. 피렌체는 학문과 예술의 중심지로 명성을 얻었고, 이탈리아에서는 르네상스가 꽃피었지요.

1500년대 이후에 르네상스는 알프스 산맥을 넘어 대서양 연안의 서유럽과 북유럽으로 전해졌어요. 신항로 개척으로 무역의 중심이 지중해에서 대서양으로 옮겨 갔기 때문이지요. 그런데 에스파냐와 네덜란드, 영국 등에서 발달한 르네상스는 이탈리아와 분위기가 좀 달랐어요. 이탈리아의 르네상스가 자유로움과 생동감이 있었다면 이 지역의 르네상스는 부패한 교회 세력과 현실을 비판하는 경향이 강했어요. 왜냐하면 교회의 권위와 봉건 사회의 모습이 여전히 강하게 남아 있었기 때문이었지요.

보티첼리의 비너스의 탄생

르네상스의 예술과 과학

중세 유럽의 문화는 크리스트교를 중심으로 발달했지요. 그래서 신의 말씀을 연구하는 신학이 모든 학문의 중심이 되었고, 건축도 교회를 중심으로 발달했어요. 그리고 사람들은 인간도 신을 위해 사는 존재라고 여겼어요. 그런데 중세 사회가 무너지면서 이탈리아의 학자와 예술가들 사이에 인간의 개성과 능력을 존중하는 분위기가 일어났어요. 이러한 움직임은 문학, 미술, 과학 분야에서 뚜렷하게 나타났답니다.

900년대의 성모상

라파엘로의 성모상

어떤 성모상의 모습이 인간의 개성을 드러내고 있지?

인간과 자연에 대한 관심이 과학을 발달시키다

르네상스 시대 학자들은 인간을 보는 시각을 바꾼 것처럼 자연을 있는 그대로 관찰하고 받아들이려고 노력했지요. 그래서 과학이 발달했어요. 천문학에서는 당시 사람들이 깜짝 놀랄 만한 주장이 등장했지요. '지구가 태양의 주위를 돈다'는 코페르니쿠스와 갈릴레이의 주장이었어요. 교회 중심의 중세 사회에서는 태양이 지구 주위를 돈다고 믿었는데, 이들의 주장은 당시 사람들에게 매우 큰 충격을 주었지요. 갈릴레이는 망원경을 만들어 천체의 움직임을 관측하여 이 주장을 뒷받침했어요.

한편, 독일의 구텐베르크는 글자 틀에 납 등을 녹여 부어 활자를 만들고, 활판 인쇄기를 발명했지요. 활판 인쇄의 발명으로 새로운 지식과 사상은 더 많은 사람에게 더 빨리 전파될 수 있었어요.

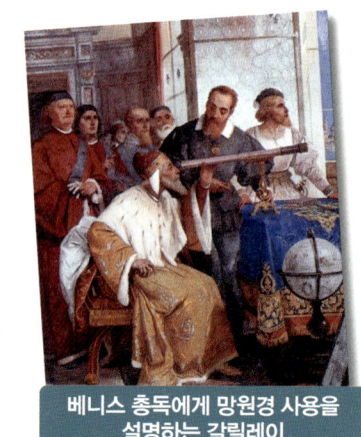
베니스 총독에게 망원경 사용을 설명하는 갈릴레이

아름답고 사실적으로 인체를 표현하다

르네상스 시기에 가장 화려하게 꽃핀 분야는 미술이에요. 당시 예술가들은 인간의 신체와 자연의 아름다움을 표현하려고 했어요. 이들 가운데 레오나르도 다빈치, 미켈란젤로, 라파엘로가 유명하지요. 특히 레오나르도 다빈치는 미술뿐만 아니라 과학, 천문학 등 여러 방면에서 활약한 사람이었어요.

레오나르도 다빈치의 최후의 만찬

레오나르도 다빈치의 모나리자

라파엘로의 아테네 학당

미켈란젤로의 다비드 상

2장 서양 근대 사회의 발전

신의 은총은 돈으로 사는 것이 아니다

성경 중심의 신앙을 주장하다

중세 유럽에서 크리스트교는 종교와 일상생활뿐만 아니라 정치에도 큰 영향을 미쳤고, 교황의 힘은 막강했지요. 그런데 교회와 성직자가 세속적인 힘을 갖게 되자 교회는 부패하고 성직자는 타락했어요. 부패에 앞장선 것은 다름 아닌 교황이었지요.

교황 레오 10세는 산 피에트로 대성당(성 베드로 성당)의 보수비를 마련하기 위해 돈을 내면 자신이 지은 죄에 대한 벌을 면제해 준다는 면벌부(면죄부)의 판매를 허락했어요. 성직자들은 면벌부를 많이 팔기 위해 "돈이 상자 속으로 떨어지면서 짤그랑 소리를 내자마자 죽은 자의 영혼은 지옥 불 속에서 튀어나온다."라고 설교했지요.

산 피에트로 대성당

교회 권위에 대한 도전이 확산되다

1517년에 독일 비텐베르크 대학의 신학 교수인 루터가 면벌부 판매에 대해 반발하여 95개조 반박문을 비텐베르크 교회 정문에 붙였어요.

루터는 '인간은 오직 신앙에 의해서만 구원될 수 있다.'고 믿었어요. 그는 교회에서 주장하듯이 종교 의식이나 선행으로 구원을 얻는 것이 아니라 하느님의 말씀인 '성경'에 따라야 한다고 했지요. 그러자 교황과 독일을 다스리던 신성 로마 제국 황제는 루터에게 그의 주장을 철회하라고 강요했어요. 루터가 그 요구를 거절하자 루터를 파문했어요.

루터는 많은 사람들이 성경을 읽을 수 있도록 독일어로 번역하고 인쇄하여 사람들에게 나누어 주었어요. 그동안 교황과 황제에게 불만이 있었던 제후들이 루터에게 지지를 보냈지요. 그 뒤 루터를 지지한 제후들은 동맹을 맺고 황제와 끝까지 싸워 1555년에 아우크스부르크 종교 화의에서 종교 선택의 자유를 얻었답니다.

루터의 반박문 소식은 스위스에도 전해졌어요. 루터처럼 면벌부 판매에 반대했던 츠빙글리가 교회와 교황의 주장을 인정하지 않고 성경 중심의 신앙을 주장하면서 종교 개혁을 이끌었어요.

그 무렵 프랑스 출신의 종교 개혁가인 칼뱅이 스위스로 망명해서 1536년에 〈크리스트교 강요〉라는 책을 발표했지요. 이 책의 핵심은 오직 선택 받은 사람만 구원 받을 수 있으며, 자신이 구원 받을 것인지 그렇지 않을 것인지는 신만이 알고 있다는 것이었어요. 그리고 그는 누구나 구원 받을 것으로 믿고 자기의 일에 힘쓰며, 금욕적인 생활을 해 신의 뜻을 이루어야 한다고 주장했답니다. 이러한 칼뱅의 주장은 상공 시민들에게 환영을 받아 프랑스, 네덜란드, 영국 등지로 빠르게 퍼져 나갔어요.

종교 개혁의 결과 루터 파와 칼뱅 파 등이 등장했어요. 이처럼 로마 가톨릭교회에서 분리되어 나온 교파를 '신교'라고 해요. 이 중에서 칼뱅 사상을 받아들인 교파를 영국에서는 청교도, 스코틀랜드에서는 장로교, 프랑스에서는 위그노, 네덜란드에서는 고이센이라고 했지요.

한편, 영국의 종교 개혁은 국왕 헨리 8세의 이혼 문제에서 시작되었어요. 헨리 8세는 앤 불린과 결혼을 하기 위해 왕비 캐서린과 이혼을 하려고 했지요. 그러나 교황이 이혼을 허락하지 않자 헨리 8세는 국왕이 교회의 우두머리라고 발표하고 영국 국교회를 세워 교황의 지배에서 독립했어요. 이후 영국에서는 영국 국교회와 로마 가톨릭교회가 대립하게 되었답니다.

종교 개혁의 분위기가 확산되자 로마 가톨릭교회도 스스로 개혁에 나섰어요. 신교의 세력이 확대되는 것을 막고 가톨릭교회의 힘을 키우기 위해 나선 사람이 로욜라예요. 그는 예수회를 조직하여 해외 선교에 나섰지요.

그러나 신교와 구교(가톨릭교회)의 대립은 더욱 날카로워져 여러 곳에서 전쟁이 일어났어요. 1618년부터 1648년까지 독일에서 일어난 30년 전쟁은 최대 규모이자 최후의 종교 전쟁이었어요.

칼뱅의 설교가 이루어졌던 제네바의 성 니콜라스 교회

2장 서양 근대 사회의 발전

향신료와 황금을 찾아 떠나다

콜럼버스가 신대륙을 발견하다

1200년대 후반 중국에 다녀온 마르코 폴로는 그곳에서 겪은 일을 〈동방견문록〉이라는 책으로 펴냈어요. 이 책을 읽은 유럽 사람들은 중국과 인도 등에 더욱 관심을 가지게 되었어요. 한편, 유럽 사람들은 동방의 산물인 향신료와 비단 등을 가지고 싶어 했어요. 하지만 이슬람 상인과 이탈리아 상인들이 동방 산물을 독점하여 값이 비쌀 뿐만 아니라 구하기도 어려웠지요. 그래서 유럽 여러 나라는 직접 인도로 가는 항로 개척에 나섰답니다.

포르투갈 리스본 광장의 신항로 개척 기념비

신항로 개척에 앞장선 나라는 대서양 끝에 있는 포르투갈과 에스파냐였어요. 포르투갈의 엔히크 왕자는 아프리카의 서해안 탐험을 후원했지요. 그 뒤 바르톨로메우 디아스가 아프리카 남쪽 끝까지 내려가 1488년에 '희망봉'을 발견했어요. 또 바스쿠 다 가마는 1498년에 희망봉을 돌아 인도의 캘리컷에 도착했어요. 인도에서 향신료를 잔뜩 가져온 바스쿠 다 가마 일행은 향신료를 비싼 값에 팔아 많은 이익을 얻었고, 포르투갈은 유럽에서 부유한 나라가 되었지요.

　그 무렵, 이탈리아 출신의 탐험가인 콜럼버스가 에스파냐의 이사벨라 여왕의 후원을 받아 탐험에 나섰어요. 콜럼버스는 지구가 둥글다고 믿었어요. 그래서 그는 지구의 크기가 실제보다 훨씬 작다고 생각하고, 동쪽으로 가는 것보다 서쪽으로 도는 편이 아시아에 더 빨리 갈 것이라고 믿었어요.

　이사벨라 여왕을 찾아가 후원을 약속받은 콜럼버스는 선원을 모아 출항을 준비했어요.

콜럼버스의
신대륙 도착

   1492년 8월 3일, 콜럼버스 일행은 여왕의 환송을 받으며 산타 마리아 호 등 배 3척을 이끌고 팔로스 항을 떠났어요. 그리고 10월 12일, 카리브 해의 한 섬에 도착했어요. 콜럼버스 일행은 그곳이 인도의 어디쯤이라고 생각했지만, 사실 그곳은 아메리카 대륙이었답니다.

   다음 해에 그는 배 17척에 선원 1,500명을 태우고 다시 항해에 나섰어요. 섬에 도착한 일행은 전쟁을 벌여 원주민을 정복한 후 옥수수와 면화를 빼앗고, 원주민을 금광 채굴에 강제로 동원했어요. 이때 원주민 200만 명 이상이 죽고, 수많은 사람들이 노예로 팔려 나갔어요.

최초의 세계 일주에 성공하다

   포르투갈 출신 탐험가인 마젤란은 에스파냐 왕의 지원을 받아 1519년 9월 20일에 배 5척을 이끌고 세비야 항을 출발하여 서쪽으로 항해했어요. 일행은 3개월이 지난 12월, 지금의 라틴 아메리카 리우데자네이루에 도착했지요. 선원들이 반란을 일으키고, 함께 갔던 배가 난파를 당하는 등 온갖 어려움 속에서도 마젤란 일행은 항해를 계속하여 지금의 마젤란 해협을 거쳐 태평양으로 빠져나왔답니다.

그 뒤 망망대해를 떠돈 지 4개월 만에 마젤란 일행은 필리핀에 도착했어요. 필리핀에 도착한 마젤란 일행은 그곳 사람들에게 식량을 요구하고 크리스트교로 개종하라고 강요했어요. 그러나 필리핀의 라푸라푸 왕은 이들과 맞서 싸웠고, 이 싸움에서 마젤란은 죽음을 맞았어요. 우여곡절 끝에 3년 만에 단 18명의 선원이 배 한 척을 끌고 세비야 항으로 돌아왔어요. 마젤란 일행의 항해는 지구가 둥글다는 것을 증명했답니다.

새로운 항로의 발견은 유럽 사회에 큰 변화를 가져왔어요. 아메리카 대륙으로부터 막대한 은과 금이 들어왔고, 설탕, 담배, 감자, 옥수수 등이 전해졌지요. 그래서 유럽 사람들의 생활은 좀 더 풍요로워졌고, 경제는 크게 발전했어요.

문화이야기

못생긴 감자가 유럽 사람들에게 환영을 받다

유럽 사람들의 주식은 빵과 감자랍니다. 이 중 감자는 신항로 개척 이후 유럽에 전해졌어요. 그런데 오늘날과 달리 당시 유럽 사람들은 감자를 좋아하지 않았어요. 감자의 생김새가 이상하다는 이유였어요. 울퉁불퉁 괴상하게 생겨 기분 나쁘고 인간의 음식이 아니라는 등 쳐다보지도 않았지요. 사람들은 줄기나 잎, 콩 등 햇빛을 보고 자란 식물만이 먹는 음식이라고 생각했어요. 감자는 어두운 땅 속에서 자랐기 때문에 신이 허락하지 않은 음식이라고 여겼어요.

1700년대 이후 유럽에서는 전쟁이 거듭되면서 토지는 황폐해지고 기후도 나빠져 식량 사정이 매우 어려워졌어요. 가장 먼저 감자에 주목한 나라는 독일이었어요. 독일 정부는 사람들에게 감자를 재배해 먹도록 강요했지요. 그래서 사람들은 먹기 싫은 삶은 감자에 버터를 발라 먹어보았어요. 그런데 그 맛이 너무 훌륭했어요. 굶주린 사람들이 감자로 배를 채우기 시작했어요. 이를 본 프랑스도 감자를 재배하여 식량 부족의 어려움을 이겨낼 수 있게 되었어요. 이후 감자는 유럽뿐만 아니라 전 세계에서 사랑받는 야채가 되었어요.

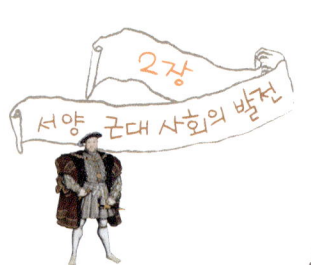
2장 서양 근대 사회의 발전

신항로 개척은 아메리카와 아프리카에 재앙이었다

초콜릿의 원료인 카카오 콩을 든 아스테카 인형

아메리카에서도 문명이 발달했다

새로운 항로의 발견은 유럽 사회에 큰 변화를 가져왔어요. 신항로 개척에 앞장섰던 에스파냐와 포르투갈은 부강한 나라가 되었고, 이제 이들 나라가 위치한 대서양 연안이 유럽 무역의 중심이 되었어요. 또 무역이 확대되면서 상공업 계층이 크게 성장했지요. 그리고 신항로 개척으로 유럽, 아메리카, 아시아 등 전 세계가 연결되었어요. 이렇게 유럽 사회는 발전하고 풍요를 누리게 되었지만, 이와 반대로 유럽 인이 발을 내딛은 아시아와 아메리카의 원주민은 삶의 터전을 빼앗겼답니다.

오래 전부터 아메리카 대륙에는 고유한 역사와 문화가 곳곳에서 발전하고 있었어요. 중앙아메리카의 멕시코 지역에서는 마야 문명과 아스테카 문명이, 라틴 아메리카에서는 차빈 문화, 나스카 문화, 잉카 문명 등이 있었어요.

유럽 인들이 문명을 파괴하다

　신항로 개척으로 많은 금과 은을 얻게 된 에스파냐는 코르테스와 피사로에게 각각 수많은 군사를 지원하여 아메리카에서 더 많은 것을 가져오게 했지요. 그들이 도착한 각 지역의 원주민들은 이들을 신이 보낸 사람들이라 여겨 환영했어요. 그러나 원주민들의 기대와 다르게 코르테스와 피사로는 금은보화를 빼앗고 황제를 죽이는 등 약탈을 일삼는 침략자일 뿐이었어요. 원주민들은 저항했지만 총을 쏘는 그들을 이길 수 없었지요. 또 계속되는 전쟁과 굶주림에 시달렸기 때문에 결국 무너지고 말았어요.

　정복자들은 식민지를 건설한 후 금, 은을 캐고, 사탕수수와 담배를 재배하는 데 원주민들을 강제로 동원했어요. 원주민들은 천연두, 홍역 등 전염병에도 시달렸어요. 외부인과 접촉 없이 살던 이들에게 면역력이 없었기 때문이었지요. 몇 년 사이에 수백만 명의 원주민들이 목숨을 잃었어요.

　신항로 개척으로 새로운 땅을 얻게 된 유럽 사람들은 그곳에 큰 농장을 지었는데, 농장에는 많은 일손이 필요했어요. 그래서 아프리카에 침입해 그곳 사람들을 노예로 사고파는 노예무역을 했지요. 노예 상인이 부족의 우두머리인 족장을 통해 노예를 사고, 족장은 노예들을 판 대가로 유럽 사람들에게 무기와 탄약을 구입했어요. 그리고 다른 부족을 공격해 노예를 잡아들였어요. 이로 인해 아프리카 여러 부족들 사이에 대립과 다툼이 일어났고, 결국 아프리카 왕국들은 멸망에 이르렀어요.

　노예를 산 유럽 상인들은 이들을 노예선에 가득 싣고 아메리카로 가서 팔고, 그곳에서 사탕수수 등을 사서 본국으로 돌아왔지요. 1500년대부터 시작된 노예무역은 200년 넘게 계속 이어졌어요.

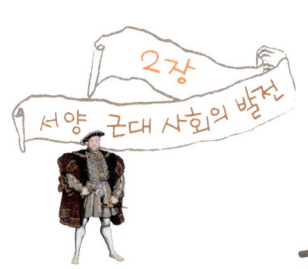

2장
서양 근대 사회의 발전

짐이 곧 국가다

왕의 권한은 신으로부터 받았다?

유럽에서는 1500년대 후반부터 1700년대에 시민 혁명으로 왕이 통치하는 정치 체제가 무너질 때까지 각 나라 국왕의 힘이 강했어요. 이때를 '절대 왕정 시대'라고 해요.

이 시기에 국왕들은 '왕의 권한은 신으로부터 받는다.'라고 믿었어요. 그리고 자신의 명령을 수행하는 관료와 명령에 따라 언제든지 싸움에 나설 수 있는 상비군을 거느리면서 중상주의 정책을 추진했어요. 중상주의는 나라의 부를 늘리기 위해 상공 시민층을 지원해 국내 산업을 보호하고 식민지 개척에 적극적으로 나서는 경제 정책이에요. 시민들은 상공업활동과 무역을 확대하기 위해서 막강한 국왕의 힘이 필요했고, 국왕은 그들의 재정적 도움이 필요했던 것이지요. 유럽에서 제일 먼저 절대 왕정을 이룬 국왕은 에스파냐의 펠리페 2세였어요.

펠리페 2세 조각상

서유럽 국가들이 절대 왕정을 이루다

에스파냐의 펠리페 2세는 레판토 해전에서 이슬람 세계의 오스만 제국을 물리치고 일시적으로 지중해 무역을 장악했어요. 이후 무적함대의 해군력을 바탕으로 아메리카 대륙에 거대한 식민지를 건설했어요. 그곳에서 쏟아져 들어온 금과 은, 곡물로 에스파냐는 부유해졌답니다.

영국에서 절대 왕정의 기틀을 마련한 왕은 엘리자베스 1세예요. 이 무렵 무적함대를 앞세워 에스파냐가 영국에 선전 포고를 했어요. 이에 맞선 영국은 세 차례의 해전에서 승리했지요. 그리하여 영국은 최강의 해양 국가로 성장한 반면, 에스파냐는 급격히 쇠퇴했어요.

프랑스 절대 왕권의 상징은 루이 14세예요. 그는 '짐이 곧 국가다.'라고 주장했지요. 루이 14세는 화려한 베르사유 궁전을 짓고, 스스로 '태양왕'이라고 하며 절대 왕권을 과시했는데, 그의 화려한 궁정 생활 때문에 국가 재정은 어려워졌답니다.

루이 14세

엘리자베스 1세

동유럽에서는 계몽 군주가 등장하다

동유럽에서도 절대 왕정이 발달했지만, 서유럽과 달리 상공 시민층은 성장하지 못했어요. 대신 국왕이 서유럽과 같이 산업을 발전시키기 위해 개혁과 계몽에 앞장섰지요. 그래서 이들을 '계몽 군주'라고 해요.

프로이센에서는 1740년에 프리드리히 2세가 왕위에 올랐는데, 이때 오스트리아에서는 마리아 테레지아가 여왕이 되었어요. 프리드리히 2세는 오스트리아와 전쟁을 벌여 슐레지엔 지방을 빼앗았답니다. 그리고 그는 '군주는 국가 제일의 심부름꾼'이라 주장하면서 정부와 군대를 강력하게 만들고, 산업과 농업을 장려했어요.

러시아는 표트르 대제 때 절대 왕정의 기틀을 마련했어요. 표트르 대제는 서유럽의 발전된 기술을 배우고자 훈련생을 보냈는데, 이때 자신도 그 대열에 참여하기도 했어요. 그래서 조선술을 배워 해군력을 키우고, 근대화에도 노력했어요. 또 유럽과 가까운 곳으로 수도를 옮기기 위해 상트페테르부르크라는 도시를 건설했답니다.

프리드리히 2세의 상수시궁전

과학 혁명과 이성의 시대

1600년대와 1700년대는 절대 왕정에서 시민 사회로 넘어가는 시기였지요. 이 시기에는 절대 왕권을 뒷받침하는 왕권 신수설과 중상주의가 발전했고, 프랑스를 중심으로 화려한 궁정 문화가 발달했어요. 그리고 뉴턴의 만유인력 발견을 비롯하여 여러 분야의 과학이 발전했어요. 그래서 이 시기의 과학 발전을 '과학 혁명'이라고도 불러요.

절대 군주의 힘을 상징한 화려한 궁정 문화

1600년대에는 베르사유 궁전과 같은 화려하고 웅장한 바로크 양식의 건축을 많이 세웠어요. 절대 왕정의 권위를 과시하고 싶었기 때문이지요. 바로크 양식은 미술과 음악 분야에서도 나타났어요. 음악의 아버지라고 불리는 바흐와 음악의 어머니라고 불리는 헨델이 대표적인 바로크 음악가예요.

1700년대는 로코코 시대라고도 해요. 로코코 양식은 세련되고 우아한 느낌을 주지요. 독일의 포츠담에 있는 상수시궁전이 대표적인 건축이에요.

과학 혁명, 근대 과학의 발달

1600년대에는 천재적인 과학자가 많이 나와 과학 발달에 크게 기여했어요. 영국의 과학자 뉴턴은 만유인력의 법칙을 발견하여 우주 속 천체들이 인력이라는 통일적인 법칙에 따라 움직이고 있음을 밝혔어요. 그래서 사람들은 신의 뜻이 아닌 법칙에 따라 자연 현상이 움직인다는 것을 이해하게 되었지요.

생물학에서는 프랑스의 생물학자 라마르크가 생물 진화 이론을 내놓았으며, 영국의 의사 제너는 종두법을 발견했어요. 그래서 천연두를 예방할 수 있게 되었지요.

뉴턴

근대 철학의 등장

1600년대 영국의 철학자 베이컨은 모든 선입견을 버리고, 경험을 바탕으로 자연 법칙을 발견해야 한다고 주장했어요. 그리고 프랑스의 철학자 데카르트는 '나는 생각한다. 고로 존재한다.'는 말을 하면서 사물에 대한 인식이나 판단은 경험이 아닌 이성에 의해 얻어진다고 주장했지요.

1700년대에는 프랑스에서 계몽주의가 등장했어요. 계몽주의는 인간의 이성을 강조했어요. 몽테스키외, 루소 등 계몽사상가는 세상을 이끄는 것은 신의 계시가 아니라 자유로운 인간의 이성이라고 생각했지요. 그리고 이성에 어긋나는 제도와 전통은 과감하게 바꾸어야 한다고 주장했어요. 계몽사상가들의 주장은 이후 미국의 독립 혁명과 프랑스 혁명에 크게 영향을 주었답니다.

프랑스 절대 왕정의 상징 베르사유 궁전

3장

1642년	1651년	1688년	1689년
영국, 청교도 혁명	크롬웰, 항해법 발표	영국, 명예혁명	영국, 권리 장전 발표

혁명의 시대

1600년대 말부터 1700년대는 혁명의 시대였어요.
자유롭고 평등한 근대 시민 사회는 미국 독립 혁명과 프랑스 혁명 등을 거치면서 완성되었지요.
또한, 산업 혁명으로 자본주의 사회가 성립되었고,
이로 인해 근대 시민 사회가 발전하는 새로운 계기가 되었답니다.
1800년대에 이르러 유럽 사회는 나폴레옹 전쟁으로 자유주의와 민족주의가 크게 성장했어요.
이것을 바탕으로 독일과 이탈리아가 통일을 이루고 근대 국민 국가를 세웠어요.
유럽 근대의 역사는 자유주의와 자본주의가 성립하고 발전해 온 과정이라고 할 수 있어요.

1776년	1789년	1804년	1830년	1848년
미국, 독립 혁명	프랑스 혁명	프랑스, 나폴레옹 황제 즉위	프랑스, 7월 혁명	프랑스, 2월 혁명

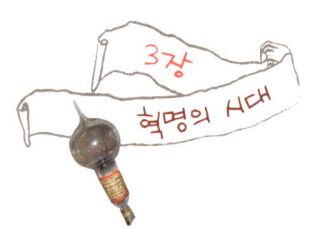

왕권과 의회가 대립하다

의회가 국왕을 몰아내다

영국의 엘리자베스 1세는 결혼을 하지 않고 혼자 살았기 때문에 왕위를 물려줄 자식이 없었어요. 그래서 여왕의 유언대로 스코틀랜드의 왕 제임스 6세가 영국 왕 제임스 1세가 되었어요.

왕권 신수설을 강조한 제임스 1세는 '국왕은 신에게만 책임이 있고 신하에게는 책임이 없다. 국왕은 곧 법이다.'라고 주장했어요. 그래서 의회의 반발을 샀지요. 게다가 의회의 승인 없이 세금을 거두고, 의회의 다수를 이루었던 청교도를 탄압했어요. 그래서 일부 청교도는 메이플라워호를 타고 아메리카로 떠나기도 했답니다.

제임스 1세의 뒤를 이어 아들 찰스 1세가 왕위에 올랐어요. 그도 아버지처럼 의회를 무시했지요. 그래서 의회는 1628년에 왕에게 의회의 권리를 밝힌 〈권리 청원〉을 제출했어요. 찰스 1세는 〈권리 청원〉을 일단 받아

오늘날 영국 국회 의사당

들였지만, 다음 해에 의회를 강제로 해산했어요. 그리고 10년이 넘게 의회를 소집하지도 않고, 마음대로 영국을 다스렸답니다.

　스코틀랜드에서 반란이 일어나자, 찰스 1세는 반란을 막을 돈을 마련하려고 의회를 소집했어요. 그러나 의회가 비용을 승인하지도 않고 오히려 자신을 비난하자 의회를 또다시 해산했어요. 반란군이 영국 북부까지 진출하자 왕은 어쩔 수 없이 다시 의회를 소집했답니다. 의회는 이번에도 왕을 공격하고, 왕이 마음대로 의회를 해산할 수 없다는 내용의 법률을 통과시켰어요. 분노한 왕은 무력으로 의회를 눌렀고, 의회도 이에 대항했지요. 이리하여 1642년부터 왕을 지지하는 왕당파와 의회를 지지하는 의회파 사이에 7년 동안 싸움이 벌어지게 되었답니다. 처음에는 왕당파가 우세했어요. 그러나 싸움은 올리버 크롬웰이 활약한 의회파의 승리로 끝났답니다.

　1649년에 찰스 1세를 처형한 영국 의회는 왕 대신 의회가 나라를 다스리는 공화정을 선포했어요. 이 사건을 '청교도 혁명'이라고 하는데, 의회 의원들이 주로 청교도였기 때문이에요. 그러나 이 과정을 이끈 크롬웰은 혁명을 일으킨 처음의 뜻과는 다르게 호국경이 되어 독재 정치를 했어요.

왕은 군림하되 통치하지 않는다

독재 정치를 한 크롬웰이 죽은 뒤인 1660년에 찰스 2세가 왕위에 올라 영국은 다시 왕이 나라를 다스리는 군주국이 되었어요. 왕이 다스리는 체제로 다시 돌아갔다고 해서 이를 '왕정 복고'라고 하지요.

찰스 2세는 아버지 찰스 1세처럼 절대 군주를 꿈꾸며 왕을 지지했던 사람들이 빼앗겼던 땅을 되찾아 주고, 로마 가톨릭교회를 보호하는 정책을 폈어요. 이에 불안을 느낀 의회는 국교인 청교도 이외의 사람은 공직에 오르지 못하게 하고, 아무 이유 없이 시민을 체포하거나 가둘 수 없다는 법 조항을 만들었어요.

찰스 2세의 뒤를 이어 왕위에 오른 제임스 2세도 가톨릭교도로서 그들에게 유리한 정책을 폈어요. 그 뒤 가톨릭교도 중심의 통치가 계속될 것을 걱정한 사람들은 제임스 2세를 왕위에서 쫓아냈어요. 그리고 신교도이자 제임스 2세의 딸인 메리와 그 남편 윌리엄을 공동 왕으로 추대했어요. 1688년에 일어난 이 사건을 '피 한 방울 흘리지 않고 성공했다'고 하여 '명예혁명'이라고 하지요.

의회는 왕이 된 메리와 윌리엄에게 국민의 자유를 법으로 보장하는 〈권리 장전〉을 승인하게 했어요. 이후 영국은 의회가 정치를 주도하고, 왕은 군림하되 통치하지 않는 입헌 군주제를 세웠어요.

메리 2세와 윌리엄 3세

3장 혁명의 시대

아메리카 인이 영국의 식민지에서 벗어나다

성난 식민지 주민들이 차를 바다에 던지다

북아메리카 대서양 연안의 13개 식민지에 대한 영국의 지배는 다른 식민지와 달리 너그러운 편이었어요. 아메리카에 정착한 주민들의 대부분이 신앙이나 정치적 자유를 찾아 영국에서 건너갔기 때문이었지요. 신분과 계급의 차별 없이 열심히 일하며 자유로이 살 수 있는 아메리카는 유럽 사람들에게는 가서 살고 싶은 매력적인 나라이기도 했어요. 이주한 사람들은 열심히 땅을 일구어 삶의 터전을 마련해 갔지요.

그러나 1700년대 중엽이 되면서 영국 정부의 태도가 바뀌었어요. 영국은 유럽에서 프랑스 등과 벌인 전쟁에서 승리했지만 재정적으로 어려워지자 아메리카에서 여러 가지 세금을 거두려고 했어요. 이에 따라 신문, 광고, 심지어 졸업장 등 온갖 인쇄물에 인지를 붙이도록 강요했어요.

인지는 세금을 납부하는 수수료를 나타내는 증표예요. 인지를 붙인다는 것은 세금을 거두겠다는 뜻이었어요. 그래서 식민지 사람들은 '대표 없이는 과세 없다.'는 구호 아래 반대 운동을 벌였어요. 즉 자신들의 대표가 없는 영국 의회는 식민지에 세금을 매길 권리가 없다는 것이지요. 식민지 주민들의 거센 반발에 결국 영국은 이 정책을 없었던 것으로 했어요.

그 후에도 식민지에서 세금을 거두려고 하는 영국의 시도는 번번이 실패했어요. 그러나 영국은 종이와 납 그리고 차에 대한 세금만은 거두어 갔어요.

1773년 12월 16일 밤, 보스턴 항에 정박해 있던 영국 동인도 회사 소속의 배에 인디언 차림을 한 식민지 주민들이 숨어들었어요. 이들은 배에 가득 실린 차 상자를 몽땅 바다에 빠뜨리고 도망쳤지요. 이를 '보스턴 차 사건'이라고 하는데, 이 사건을 계기로 영국 정부의 식민지 정책은 더욱 거세졌고, 이에 반발하여 식민지 주민들이 마침내 독립을 요구하는 전쟁을 일으켰어요.

보스턴 차 사건

3장 혁명의 시대

식민지 주민들이 독립을 선언하다

1774년 9월에 식민지 대표들은 필라델피아에 모여 제1차 대륙 회의를 열었어요. 이 회의에서 영국과의 무역 중지와 영국 상품 배척을 결의했어요. 그러나 영국은 식민지의 움직임을 무시했어요. 결국 1775년에 영국과 북아메리카 식민지 사이에 무력 충돌이 발생했어요.

13개 주 식민지 대표들은 제2차 대륙 회의를 열어 조지 워싱턴을 총사령관에 임명했어요. 초기에는 독립을 주장하는 세력이 3분의 1밖에 되지 않았으나 독립의 기운은 점차 무르익어 갔어요. 마침내 1776년 7월 4일에 대륙 회의는 토머스 제퍼슨이 기초한 〈독립 선언서〉를 공포했어요.

〈독립 선언서〉의 머리말에는 인류의 생명·자유·행복의 추구와 이를 실현하기 위한 정부를 만드는 것은 인간의 자연권임을 밝혔어요. 그리고

독립 선언서 서명식

본문에서는 독립해야만 하는 이유를 설명했어요. 민주주의의 참뜻을 명쾌히 밝힌 이 선언서는 미국 독립 혁명을 이끌었고, 이후 프랑스의 〈시민과 인간의 권리 선언〉에도 영향을 주었답니다.

처음에는 전쟁이 독립군에게 매우 불리하게 전개되었어요. 병사들이 제대로 훈련을 받은 적이 없는 농민과 시민들이었기 때문이지요. 하지만 이들은 어려운 상황 속에서도 열심히 싸웠어요. 그 뒤 영국을 견제하고 있던 프랑스, 에스파냐, 네덜란드가 식민지 독립군을 지지했어요. 또 러시아 등 여러 나라가 중립을 선언하자 영국은 1783년에 아메리카 식민지 13개 주의 독립을 인정할 수밖에 없었지요. 드디어 새로운 나라 아메리카 합중국, 미국이 탄생했어요.

미국 국기의 별과 줄은 어떤 의미를 가지고 있나요?

성조기라고 부르는 미국의 국기는 7개 빨간색 줄과 6개 흰색 줄, 그리고 파란 바탕 위에 여러 개 별로 구성되어 있어요. 이 중 13개의 줄무늬는 독립 전쟁을 치른 후 연방을 구성한 13개 주를 의미하는데, 이 수는 지금까지 변함이 없답니다. 그렇지만 별은 아메리카 합중국을 구성하는 주의 수를 의미하여 주가 증가할 때마다 별의 수는 달라지고 있어요. 그래서 미국 독립 초기에 사용된 국기에는 13개 별과 13개 줄이 그려졌지만, 현재 미국 국기에는 50개 별이 그려져 있어요.

초기 미국 국기

현재 미국 국기

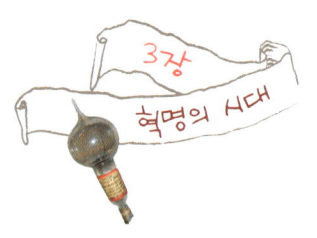

3장 혁명의 시대

바스티유 감옥을 습격하라

시민들이 깨어나다

1789년에 일어난 프랑스 혁명은 시민들이 절대 왕정을 무너뜨리고 근대 시민 사회를 연 시민 혁명의 모범이었어요.

프랑스 혁명은 불평등한 신분 제도에 대한 제3신분의 불만에서 시작되었어요. 제1신분인 성직자와 제2신분인 귀족은 넓은 토지와 관직을 차지하면서 세금까지 면제를 받는 특권을 누렸어요. 그러나 제3신분인 평민들은 권리를 누리지도 못하면서 무거운 세금에 시달렸지요. 이에 사람들은 인간다운 권리를 찾아야겠다고 깨달았어요.

세 신분으로 구성된 프랑스의 삼부회

바스티유 감옥을 공격하다

프랑스 사람들은 프랑스도 미국처럼 자유롭고 평등한 나라가 될 것이라고 기대했지요. 하지만 국왕 루이 16세는 사람들의 바람 따위에는 관심이 없었어요. 오로지 사냥과 열쇠 만드는 일에만 열심이었답니다.

1789년에 루이 16세는 왕실 재정의 어려움을 해결하고자 삼부회를 소집했어요. 그러나 삼부회는 표결 문제부터 어려움에 부딪쳤어요. 1, 2신분은 신분별로, 3신분은 머릿수로 표결할 것을 주장했어요. 머릿수 표결이 받아들여지지 않자 시민 대표들은 테니스코트에 모여 헌법이 제정될 때까지 해산하지 않을 것을 선언했지요. 그리고 대표 기구로 국민 의회를 조직했어요. 그러자 루이 16세가 국민 의회를 해산시키기 위해 군대를 소집했어요. 이 소식이 퍼지면서 분노한 파리의 시민들이 1789년 7월 14일, 전제 정치의 상징물과 같은 바스티유 감옥을 습격했지요.

국민 의회는 성난 사람들을 진정시키기 위하여 봉건제 폐지를 선언했어요. 그리고 국민의 자유와 평등에 대한 권리와 혁명의 기본 이념이 담긴 〈시민과 인간의 권리 선언〉을 발표했어요.

이런 혼란 속에서 파리 시민들은 굶주림에 허덕였어요. 하지만 궁전에서는 여전히 연회가 열렸고, 왕비 마리 앙투아네트가 "빵이 없으면 과자를 먹으면 되지 않느냐."라고 말했다는 소문이 퍼졌어요. 사람들은 더욱 분노했지요. 두려워진 왕과 왕비가 오스트리아로 몰래 도망쳤지만 도중에 붙잡혀 파리로 끌려 왔지요. 그 뒤 새롭게 들어선 국민 공회는 왕정을 폐지하고, 공화정을 선언했어요. 그리고 1793년에 국왕 루이 16세와 왕비를 단두대에서 처형했답니다.

단두대

혁명의 기운이 주변국에 널리 퍼지다

프랑스에서 혁명이 일어난 것을 본 오스트리아, 프로이센은 자기 나라로 혁명의 불길이 밀려올 것을 두려워했어요. 그래서 대프랑스 동맹을 맺고 프랑스로 쳐들어갔지요.

프랑스의 의용군은 침략하는 외국군을 막아 냈어요. 많은 젊은이들이 오늘날 프랑스의 국가가 된 〈라 마르세예즈〉를 부르고, 프랑스 국기를 흔들며 전장으로 나갔답니다.

이런 혁명의 소용돌이 속에서 혜성처럼 나타나 정권을 장악하고 황제의 자리에까지 오른 사람이 바로 나폴레옹이었어요. 육군 사관 학교 출신의 포병 장교였던 나폴레옹은 새로운 혁명의 지도자가 되어 유럽 여러 지역을 정복하여 영토를 넓히고 헌법을 고치는 등 개혁을 추진했어요. 혁명으로 지친 프랑스 사람들은 나폴레옹을 지지했고, 그는 이러한 지지를 기반으로 스스로 황제의 자리에 올랐답니다. 국왕을 처형하고 공화정을 수립한 프랑스가 불과 10년 만에 다시 황제의 통치를 허락하고 말았어요.

나폴레옹과 부인 조세핀의 즉위식

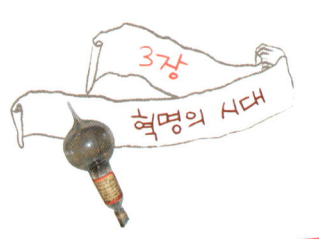

기계를 이용해 대량 생산을 시작하다

영국에서 산업 혁명이 시작되다

아메리카와 프랑스가 정치·사회적으로 큰 변화를 겪는 동안, 섬나라 영국에서는 산업 혁명이 진행되었어요. 공장에서 기계를 이용하여 물건을 만들어 내는 새로운 생산 방식이 널리 퍼졌지요.

영국은 일찍부터 상공업이 발전했고, 동력과 기계를 만드는 데 필요한 석탄과 철이 풍부했어요. 넓은 식민지도 가지고 있었어요. 그리고 농촌을 떠난 많은 사람들이 도시로 몰려들어 노동력이 풍부했어요. 즉 시장, 노동력, 자본, 자원 등 모든 경제 요소가 잘 갖추어져 있었기 때문에 영국에서 산업 혁명이 가장 먼저 일어날 수 있었어요.

산업 혁명은 면방직 공업에서 시작되었답니다. 1733년에 존 케이가 씨실을 넣는 북을 자동으로 왕복시켜 베 짜는 속도를 두 배로 높인 방직기를 만들어 생산량이 두 배로 늘어났어요. 이어 실을 뽑아서 옷감을 짜는 방직기와 동력으로 움직이는 베틀인 역직기가 개량되거나 새로 발명되었지요. 그 뒤 실을 만들어 내는 방적기에 수력을 이용하면서 면직물 공업이 크게 발전했어요.

그런데 수력을 이용하려면 물가에 공장을 세워야 했기 때문에 교통이 불편했어요. 또 물이 늘 일정한 양을 유지하는 것도 아니었기 때문에 공장 운영이 원활하지 않았어요. 이런 문제 해결을 위한 노력 속에서 1780년대 제임스 와트가 증기 기관을 새로운 동력으로 이용하면서 여러 산업 분야에서 놀라운 변화가 나타났어요.

산업 혁명이 사회에 변화를 가져오다

전화를 시험하는 벨

대규모 공장이 만들어지고 산업의 규모가 커지자 원료와 제품을 나르기 위한 교통수단에도 큰 변화가 일어났어요. 1814년에 스티븐슨이 기관차를 발명했지요. 이보다 먼저 미국의 발명가 풀턴은 증기선을 발명하여 허드슨 강을 달렸어요. 이후 사람들은 증기선으로 대서양을 횡단하게 되었어요. 또 통신 수단에서도 변화가 일어났는데, 미국의 모스는 유선 전신을, 벨은 전화를 발명했답니다.

한편, 사람들이 일자리를 찾아 도시로 모여들었어요. 도시로 인구가 집중되면서 주택 부족과 위생 등 여러 가지 도시 문제가 발생했지요. 일자리를 원하는 노동력이 많아지자 노동자들은 임금을 적게 받으면서도 오랜 시간 일을 해야 했어요. 또 공장 주인들은 기계를 이용하면서 숙련된 남자 어른 대신 임금이 적은 여자 어른과 어린이들을 많이 고용했어요.

산업 혁명 당시 런던의 빈민가

농업 사회가 산업 사회로 바뀌었고, 공장제 기계 공업이 발달하면서 근대 자본주의도 확립되었지요. 이에 새로운 계층이 등장했는데, 자본을 가지고 공장을 운영하는 공장주, 즉 자본가와 자신의 노동력을 팔아 생계를 유지하는 임금 노동자가 바로 그들이지요.

　산업 혁명으로 사회가 풍요로워졌다고 하지만 부자와 가난한 사람들 사이 생활 수준의 격차는 심해졌어요. 그래서 자본가와 노동자의 대립도 더욱 심각해졌지요. 자본주의가 성장하면서 나타난 이러한 문제점을 개선하고자 나온 사상이 사회주의랍니다. 사회주의자들은 노동자의 노동 조건을 개선하고, 노동자의 지위를 높여 빈부의 격차를 줄이고자 노력했어요.

문화이야기

모던 타임스

　콧수염을 씰룩거리며 뒤뚱뒤뚱 걷는 영국의 희극 배우, 찰리 채플린을 알고 있나요? 찰리 채플린은 1936년에 만들어진 영화 〈모던 타임스〉에서 제작, 감독, 음악, 주연까지 맡았던 인물이지요. 이 영화는 대사가 단 한마디도 없는 것으로 유명해요.

　영화 속 주인공 찰리는 공장에서 아침부터 늦은 밤까지 상품의 나사못을 조이는 일을 해요. 나사못을 조이는 단순 작업만 계속하던 그는 결국 눈에 보이는 모든 것을 조이는 증상 때문에 정신 병원에 실려 가게 되지요.

　이 영화는 산업화 초기에 기계 문명과 자본주의가 인간성을 얼마나 무시했는가를 잘 보여 준답니다.

찰리 채플린

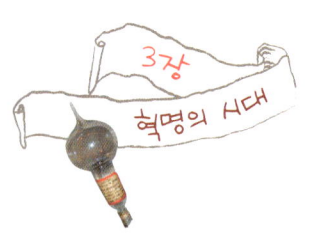

3장 혁명의 시대

자유주의와 민족주의가 발전하다

빈 회의

왼쪽에서 여섯 번째, 의자 앞에 서 있는 사람이 빈 회의를 주도한 메테르니히란다.

유럽 국가들이 빈에 모이다

프랑스 혁명과 나폴레옹 전쟁으로 변화된 사회를 인정할 수 없었던 유럽의 지배자들은 전쟁을 마무리하기 위해 오스트리아의 빈에 모였어요. 나폴레옹을 무너뜨리는 데 공을 세운 러시아, 영국, 오스트리아, 프로이센과 패전국 프랑스도 참석했어요.

이들은 프랑스 혁명과 나폴레옹 전쟁 이전의 사회로 되돌아가기를 원했기 때문에 자유를 억압하고, 왕정을 회복했답니다. 이에 가장 앞장선 인물은 오스트리아의 정치가인 메테르니히였지요.

프랑스 2월 혁명

참정권을 요구하고 통일을 원하다

빈 회의 결정에 따라 프랑스에서는 다시 왕정이 부활했어요. 1824년에 프랑스 왕이 된 샤를 10세는 왕권을 강화하고 의회를 해산하는 등 혁명 이전과 똑같이 통치하려고 했어요. 이에 분노한 파리 시민들은 1830년 7월에 또다시 혁명을 일으켰는데, 이것이 7월 혁명이지요. 7월 혁명으로 루이 필립이 '시민의 왕'으로 추대되었어요. 그러나 루이 필립의 통치는 자본가와 소수 상층 시민을 위한 것이었어요. 그래서 대다수 시민과 노동자들은 불만이 컸어요. 결국 1848년 2월에 시민들이 다시 일어나 왕정을 무너뜨리고 공화정을 선포했어요. 이것을 2월 혁명이라고 해요.

프랑스의 7월 혁명과 2월 혁명은 유럽 여러 나라에 커다란 영향을 미쳤답니다. 특히 2월 혁명은 자유주의의 승리였으며, 2월 혁명의 성공으로 그동안 자유주의를 탄압한 빈 체제도 무너졌어요.

영국에서는 1832년에 새로운 선거구를 설치하고, 신흥 상공 시민들에게 선거권을 주는 1차 선거법 개정이 이루어졌어요. 이에 선거권을 갖지 못한 노동자들이 참정권을 요구하는 차티스트 운동을 벌였으나 실패했지요. 그러나 차티스트 운동은 이후 선거법 개정에 영향을 미쳐 노동자들도 점차 선거권을 갖게 되었어요.

한편, 독일과 이탈리아에서는 통일의 움직임이 일어났어요. 이탈리아의 통일은 사르데냐 왕국의 재상 카보우르가 중심이 되었지요. 그는 산업을 육성하고, 군대를 키워 국력 신장에 힘썼고, 통일에 방해가 되는 오스트리아와 전쟁을 벌여 북부 이탈리아를 되찾았어요. 그리고 가리발디는 의용군인 '붉은 셔츠부대'를 이끌고 남쪽의 시칠리아와 나폴리를 점령하는 것을 도왔지요. 이렇게 하여 1861년에 마침내 이탈리아 왕국이 탄생했답니다.

여러 제후국으로 나뉘어져 있던 독일 통일의 주역은 프로이센이었어요. 프로이센의 재상 비스마르크는 독일을 통일하는 방법은 오직 전쟁뿐이라 믿고, 자유주의를 억압하며 군사 시설을 늘렸어요. 그리고 통일의 방해 세력이었던 오스트리아, 프랑스와의 전쟁에서 이겨 마침내 통일을 완성했지요.

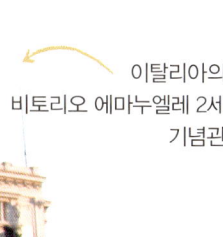

이탈리아의 비토리오 에마누엘레 2세 기념관

노예제를 둘러싸고 남부와 북부가 충돌하다

미국은 독립 후 민주주의가 발전했고, 서부 개척을 통해 영토를 확장했어요. 많은 수의 유럽 사람들이 대서양을 건너 미국의 동부 지역으로 옮겨와 정착하여 인구가 크게 늘어났지요. 또 산업 혁명이 시작되고, 운하와 철도 건설이 활발하게 진행되어 미국은 점차 공업 국가로 성장해 나갔어요. 그러나 이러한 발전 과정에서 노예제 폐지 문제를 둘러싸고 미국의 남부와 북부의 대립이 깊어졌지요. 남부는 흑인 노예를 이용한 대농장 경영이 발달했고, 북부는 상공업이 발전했기 때문이랍니다.

1860년에 노예제 폐지를 찬성하는 공화당의 링컨이 대통령에 당선되자 남부의 7주가 연방을 탈퇴하고 대통령도 새로 뽑았어요. 그리고 1861년에 남부와 북부가 충돌하여 결국 전쟁이 일어났어요.

전쟁 초기에는 남부가 우세했지만 링컨 대통령의 노예 해방 선언으로 풀려난 흑인 노예가 북부에 가담하면서 전세는 북부에게 유리해졌어요. 게티즈버그 전투에서 북부가 승리하면서 마침내 전쟁은 끝이 났어요.

농장에서 일하는 흑인 노예

북부 링컨 대통령

남부 데이비스 대통령

러시아가 변화를 추구하다

유럽의 다른 나라에서는 절대 왕정 시대가 끝났지만, 러시아에서는 여전히 '차르'라고 불린 황제가 나라를 다스렸어요. 그리고 토지를 경작하는 대가로 영주에게 화폐나 물품으로 세금을 내는 농노 제도도 여전히 남아 있었지요. 러시아의 후진성을 깨달은 알렉산드르 2세가 농노 제도를 폐지하는 등 개혁을 추진했지만, 농민들에게 도움이 되지는 못했어요.

1860년대에 대학생과 지식인들 사이에서는 무지한 농민들을 깨우쳐 사회를 변화시키려는 움직임이 일어났어요. 이들은 농촌 속으로 들어가 농민들을 계몽하는 브나로드 운동을 펼쳤으나 실패했지요. 이후 급진적인 지식인들은 차르의 전제 정치를 무너뜨리는 혁명을 일으키는 쪽으로 방향을 바꾸었답니다.

문화이야기

알퐁스 도데의 〈마지막 수업〉

프로이센 중심으로 추진된 독일 통일의 방식은 전쟁이었어요. 프로이센이 프랑스와의 싸움에서 승리하면서 마침내 독일 통일은 이루어졌어요. 알퐁스 도데가 지은 〈마지막 수업〉은 이 전쟁을 배경으로 쓴 유명한 소설이지요. 소설의 무대가 된 알자스 지방은 독일과 프랑스 사이에 끼어 있어 두 나라의 영토로 오고간 지역이었어요. 작가 알퐁스 도데는 1870년 프랑스와 프로이센 전쟁에 참전했을 뿐만 아니라 프로이센 군대에게 점령당한 파리를 탈출한 경험도 있었지요.

프로이센 군대에게 점령당한 프랑스의 알자스에서 더 이상 프랑스 어를 공부할 수 없는 선생님과 학생들, 그리고 마을 사람들이 한 교실에 모여 마지막 수업을 하는 모습은 먼나라의 이야기이지만 왜 우리의 가슴 속 깊은 곳을 울리는 것일까요? 아마도 그것은 일본의 지배를 받았던 우리의 아픈 경험을 떠오르게 하기 때문이 아닐까요?

1800년대 유럽의 문화

　1800년대는 '과학의 세기'라고 불릴 만큼 과학과 기술이 발달했어요. 그리고 문학과 예술 분야에서는 이성을 강조한 계몽사상에 대한 비판이 일어나 인간의 감정과 상상력을 강조한 낭만주의를 비롯해 다양한 흐름이 등장했지요.

과학 기술의 발달

1800년대에 생물학에서는 영국의 다윈이 〈종의 기원〉이란 책에서 진화론을 주장했어요. 진화론은 당시 사회에 큰 충격을 주었어요. 신이 모든 사물을 창조했다고 믿는 교회로부터 엄청난 비난을 받았지요. 그런데 이 주장은 나중에 사회 질서에도 적용되어 제국주의의 침략을 정당화하는 데 이용되기도 했어요.

한편, 이 시기에 미국의 에디슨은 벨이 발명한 전화기를 더욱 발전시켰고, 축음기와 전등, 영화 등을 발명했지요. 그리고 스웨덴의 화학자 노벨은 다이너마이트를 발명했어요. 이 때문에 많은 돈을 벌어 부자가 된 노벨은 자신의 재산을 은행에 맡겨 그 이윤으로 매년 인류에게 공헌한 사람들에게 상을 주도록 유언을 남겼어요. 이 상이 바로 노벨상이랍니다.

다양한 문예의 흐름

1800년대 초반에 문학과 미술, 음악 등 예술 분야에서는 계몽사상에 대한 비판이 일어나면서 낭만주의가 크게 유행했어요. 낭만주의는 개인의 감정을 중시하고 형식에 얽매이지 않는 자유분방함을 강조했지요. 여러분이 잘 알고 있는 오스트리아의 작곡가 슈베르트가 대표적인 낭만주의 음악가 중 한 명이에요.

밀레의 만종

1800년대 후반에는 사실주의와 자연주의가 유행했어요. 이들은 인간과 사회 현실을 있는 그대로 묘사하고자 했지요. 〈올리버 트위스트〉를 쓴 디킨스와 톨스토이, 도스토옙스키 등이 이때에 활동한 대표적인 작가예요. 그리고 회화에서는 밀레, 마네 등이 유명했고, 음악에서는 차이콥스키, 푸치니 등이 이름을 떨쳤어요. 또 주관적인 인상을 강조한 인상파가 등장했는데, 고흐가 대표적인 화가랍니다.

고흐의 별이 빛나는 밤

4장

1840년	1851년	1857년	1858년	1868년
청, 아편 전쟁	청, 태평천국 운동	인도, 세포이 항쟁	인도, 무굴 제국 멸망	일본, 메이지 유신

아시아의 시련

신항로 개척으로 시작된 유럽의 아시아 침략은 1800년대부터 본격화되었어요. 유럽은 상품 시장과 원료 공급지를 확보하고자 식민지 건설에 나섰지요. 유럽에 비해 발전이 늦었던 아시아 여러 나라들은 두 가지 과제를 안게 되었어요. 하나는 유럽 열강의 침입을 물리치고 정치적 독립을 이루는 것이었고, 또 하나는 낡은 체제를 무너뜨리고 개혁을 추진하는 것이었지요. 중국은 신해혁명을 거치며 근대 국가로 발돋움했고, 일본은 메이지 유신을 계기로 근대화에 나섰어요. 서아시아에서는 서구화를 통해 국력을 기르는 한편, 반외세 운동도 활발하게 전개했답니다.

1885년	1894년	1898년	1911년	1912년
인도 국민 회의 성립	청·일 전쟁	청, 변법자강 운동	청, 신해혁명	중화민국 성립

4장 아시아의 시련

중국, 서양에 문을 열다

세계의 중심이었던 중국, 내리막길을 걷다

청나라는 차·비단·도자기 등을 팔아 엄청난 은을 벌어들였어요. 그에 비해 영국을 비롯한 유럽 국가들은 청나라와의 무역에서 적자만 늘어났지요. 유럽의 나라들은 중국과 교역을 늘리기를 원했지만, 중국은 나라에서 필요한 모든 물건을 스스로 다 얻을 수 있기 때문에 서양 오랑캐와 교역을 늘릴 필요가 없다는 입장이었어요.

이러한 상황 속에서 영국은 무역 적자를 해결하기 위해 인도에서 생산된 아편을 중국에 들여와 팔았답니다. 아편을 피우는 중국인은 계속 늘어났고, 많은 양의 은이 계속 영국으로 들어갔지요. 그래서 중국에서는 은이 매우 귀해졌어요. 이에 청나라 정부는 아편 판매를 금지했어요. 임칙서를 파견해 영국의 아편 무역을 금지하고, 상인들이 가진 아편을 몰수해 불태웠지요.

청나라가 아편 무역을 금지하자 영국이 청나라와 전쟁을 일으켰어요. 1840년에 영국 함대가 공격해 왔고, 청나라는 영국군에게 크게 패했어요. 그래서 청나라는 영국과 난징 조약을 맺어 영국 상인들이 자유롭게 무역할 수 있도록 허락하고, 많은 배상금까지 물었지요.

그러나 영국이 원하는 바와 다르게 영국 물건은 중국에서 잘 팔리지 않았어요. 1856년에 영국은 다시 트집을 잡아 프랑스와 연합하여 전쟁을 일으켰어요. 영국과 프랑스의 연합군이 베이징까지 쳐들어오자 청나라는 다시 무릎을 꿇었어요. 이후 유럽 사람들은 중국 땅에서 자유롭게 무역 활동을 하고 여행도 다녔어요. 그리고 크리스트교를 전파할 수 있는 자유까지 얻었지요.

중국이 근대 문물 수용에 나서다

아편 전쟁에서 패한 뒤 청나라의 일부 관료들 사이에서는 중국이 힘을 키우려면 서양의 기술을 받아들여야 한다는 움직임이 일어났어요. 이것이 양무운동이랍니다. 이홍장, 증국번 등이 양무운동에 앞장섰어요. 이들은 중국의 전통을 유지하면서 서양의 과학 기술이나 무기를 적극적으로 받아들였어요. 그러나 청·일 전쟁에서 청나라가 일본에 패하면서 이 운동은 더 이상 추진되지 않았지요.

청나라에서는 양무운동에 대한 반성이 일어났어요. 캉유웨이, 량치차오 등 일부 지식인들은 서양의 기술을 받아들이는 것뿐만 아니라 일본처럼 근본적인 개혁이 필요하다고 주장했지요. 당시 젊은 황제는 이를 긍정적으로 받아들였어요. 그래서 1898년에 변법자강 운동이 일어났어요.

변법자강이란 낡은 법을 고쳐서 스스로 나라를 굳건하게 만든다는 뜻이에요. 양무운동과는 달리 중국의 전통적인 정치 체제를 근본적으로 개혁하자는 것이었어요. 그러나 당시 실권자였던 서태후와 그 일파들은 개혁을 바라지 않았어요. 결국 이들의 반발로 변법자강 운동은 실패했어요.

한편, 중국이 개항하자 유럽 국가들이 앞다투어 중국에 들어와 이익을 얻을 수 있는 권리를 빼앗아 가는 등 중국인들을 힘들게 했지요. 그래서 외국인에 대한 감정이 아주 나빠졌어요. 1900년에 비밀 종교 단체인 의화단이 서양 귀신을 몰아내고 청나라를 지키자는 의화단 운동을 일으켰어요. 이들은 모든 외국 세력에게 중국에서 물러갈 것을 요구하며 외국 공사관, 선교사와 상인은 물론 서양과 관계있는 모든 것을 공격했어요. 이에 영국, 프랑스 등 8개 나라는 연합군을 만들어 베이징을 차지하였고, 의화단 운동을 진압했어요. 이 때문에 청나라는 외국 군대가 베이징에 주둔하는 것까지 인정해야 했지요.

청나라 황실의 여름 별궁 이화원

4장 아시아의 시련

민중의 힘으로 중국을 세우다

중화민국을 선포하다

외국 세력의 침략으로 중국의 위기는 점점 심해졌고 청나라의 정부 관리들은 부패했어요. 불만이 극에 달한 사람들이 각지에서 봉기를 일으켜 저항했어요. 1905년에 쑨원은 여러 혁명 단체를 모아 중국 혁명 동맹회를 만들고, 여러 차례 혁명을 일으켰지만 실패했어요. 그는 제국주의 세력을 거부하고 만주족을 몰아내 청나라를 무너뜨린 뒤 중국 땅에 민주적인 공화정을 세우려고 했지요. 이를 위해서 미국과 유럽을 돌아다니면서 해외에 있는 중국 동포인 화교에게 혁명에 참여할 것을 호소했어요.

1911년에 무창(우창)에서 청나라 정부 정책에 반대하는 무장 봉기가 일어나 혁명으로 연결되었어요. 이를

쑨원

신해혁명이라고 하지요. 혁명은 중국 전 지역으로 빠르게 퍼져 나갔고 혁명 세력은 쑨원을 임시 대총통에 추대했어요. 그리고 1912년 1월 1일에 중화민국을 선포했어요.

혁명에 놀란 청나라 정부는 위안스카이를 파견하여 이들을 진압하도록 했지요. 중화민국은 위안스카이의 군대와 싸워 이길 만한 힘이 없었어요. 그런데 위안스카이도 청나라에 충성할 마음이 없었어요. 그래서 두 세력은 함께 청나라를 무너뜨릴 것을 약속했지요. 대신 쑨원이 총통에서 물러나고 위안스카이가 중화민국의 총통이 되었어요.

청나라를 무너뜨리고 총통이 된 위안스카이는 황제가 되고 싶었어요. 그래서 혁명 세력을 탄압하고 중국의 권리 중 일부를 외국에 넘겨주기까지 했어요. 하지만 헛된 꿈을 이루지 못한 채 심장 마비로 죽었답니다.

제1차 세계 대전이 끝난 뒤 1918년에 미국 대통령 윌슨이 '한 민족의 정치 문제는 다른 민족의 간섭을 받지 않고 스스로 처리할 수 있는 권리를 갖는다.'는 의미의 민족 자결주의를 제안했어요. 중국은 이 원칙에 따라 외국의 간섭에서 벗어날 수 있을 것이라고 기대했지요. 하지만 예상과는 달리 오히려 일본에게 권리를 빼앗기고 일본의 간섭까지 받게 되었어요. 여기에 반발해 학생들이 봉기했는데, 이것을 5·4 운동이라고 해요. 이 운동에 많은 국민들이 참여하는 것을 본 쑨원은 국민들의 힘을 모으기 위해 중국 국민당을 만들었답니다.

그러나 당시 넓은 중국 땅에는 각 지역마다 군사를 거느린 군벌이 세력을 이루고 있었어요. 국민당이 중국을 통일하기 위해서는 많은 군벌을 무너뜨려야 했지요.

국민당과 공산당이 힘을 모으다

1921년에 중국에도 공산당이 등장하여 소련의 지원을 받아 빠르게 세력을 키웠어요. 국민당의 쑨원은 공산당과 손을 잡고 제국주의 침략에 대항하면서 군벌을 무너뜨리려고 했지요. 그러나 쑨원은 1925년에 군벌 정부와 협상을 하기 위해 베이징으로 가던 중 병으로 죽었답니다. 쑨원의 뒤를 이어 장제스도 공산당과 연합해 군벌을 제거하는 데 힘을 기울였어요. 그런데 이 과정에서 공산당의 세력이 커지자 장제스는 공산당을 배척하고 탄압했어요. 그러한 가운데 그는 1928년에 중국 통일의 마무리를 지었답니다.

통일 후 장제스는 공산당을 없애기 위해 대대적인 공산당 토벌 전쟁을 벌였지만, 성공하지는 못했어요. 왜냐하면 일본이 계속 중국을 침략해 왔기 때문이었지요. 장제스는 공산당을 먼저 없앤 후 일본을 치려고 했지만 중국 국민들은 먼저 국민당과 공산당이 힘을 합쳐 일본에 대항하기를 더 원했어요. 그래서 국민당과 공산당은 다시 손을 잡게 되었답니다.

손을 잡은 국민당과 공산당은 1937년에 일본과의 싸움을 시작했어요. 장제스의 국민당이 주력군이 되었으며, 마오쩌둥이 이끈 공산당도 팔로군을 편성해 일본군과 맞서 싸웠지요. 이 과정에서 공산당은 농민과 노동자들의 지지를 얻어 세력을 크게 키웠어요.

중국 국민당을 이끈 장제스

중국 공산당을 이끈 마오쩌둥

4장
아시아의 시련

일본, 제국주의 국가로 나서다

일본이 문호를 개방하다

1700년대 말부터 유럽 세력은 일본에게 자유롭게 오갈 수 있도록 항구의 개방을 요구했어요. 특히 미국의 페리는 군함을 이끌고 와서 에도 막부를 위협했지요. 전쟁이 두려웠던 에도 막부는 결국 1854년에 미국에게 문호를 개방했어요. 4년 뒤에는 무역을 허락하는 조약을 체결했는데, 조약 내용은 중국처럼 일본에게 일방적으로 불리했지요. 일본은 이어 영국, 네덜란드, 러시아 등과도 같은 내용의 조약을 맺었답니다.

페리 제독의
일본 요코하마 착륙

개항 이후 무역이 시작되면서 물가가 오르고 세금 부담이 커지자, 하급 무사와 농민들의 불만이 커졌어요. 개항에 불만을 품은 무사들은 막부를 비판했지요. 이들은 처음에는 천황을 받들고 외적을 물리치자는 존왕양이 운동을 벌였어요. 그러나 이 운동이 실패하자 차라리 막부를 무너뜨리자는 막부 타도 운동으로 돌아섰어요. 이로 인해 에도 막부가 무너지고 700여 년간 유지된 막부 시대는 막을 내렸어요.

4장 아시아의 시련 103

아시아 최초로 근대화에 성공하다

　에도 막부가 무너진 뒤 젊은 천황을 중심으로 근대적인 새로운 정부가 들어섰어요. 천황은 연호를 '메이지'라고 하고, 수도를 교토에서 도쿄로 옮겼어요. 이 시대를 '메이지 시대'라고 하며, 이때에 추진된 대대적인 개혁을 '메이지 유신'이라고 해요. 메이지 유신을 거치면서 일본은 근대 사회로 빠르게 변했어요.

　메이지 정부는 먼저 정치적으로는 다이묘가 다스리던 번을 없애고, 현이라는 행정 구역을 만들었지요. 그리고 신분 제도를 없애고 평등 정책을 실시했답니다. 6세 이상의 남녀는 모두 교육을 받게 했고, 20세 이상의 남자는 모두 군대에 가야 하는 징병 제도로 바꾸었어요. 세금 제도를 개혁하고 근대 산업을 장려하는 등 여러 방면에서 국가를 부유하게 하고 군대를 강력하게 만들고자 노력을 기울였지요. 또 근대화를 위해 서양의 문화도 적극적으로 받아들여 일본인의 생활을 서양식으로 바꾸었어요.

> 일본은 문명국이 되기 위해서는 모든 것을 서양처럼 바꿔야 한다고 생각해서 서구화 정책에 적극적이었단다.

일본 헌법 발포식

일본이 침략국으로 나서다

메이지 천황

1885년에 메이지 정부는 헌법과 의회를 만들고 천황의 힘이 강력한 입헌 군주제를 세웠지요. 그리고 천황에 대한 충성과 자기 민족만을 중시하는 민족주의를 국민들에게 강요했어요.

메이지 유신으로 근대화에 성공한 일본은 주변국과 비교해 자신들이 우월하다고 생각하면서 주변국 침략에 적극적으로 나섰어요. 일본은 1894년에 치른 청나라와의 전쟁과 1904년에 치른 러시아와의 전쟁에서 승리한 후 침략 정책을 본격화하여 우리나라를 식민지로 삼고, 중국 대륙도 침략했어요. 제1차 세계 대전 때에는 중국 일부와 태평양의 여러 섬을 차지하는 등 세력을 더욱 넓혀 갔어요.

그러다가 1929년에 미국에서 시작된 경제 대공황으로 일본도 큰 타격을 받았답니다. 일본은 대공황의 어려움을 극복할 방법으로 침략 전쟁을 확대하기로 했어요. 그래서 1931년에 만주 지역을 침략하고, 이후에는 중국 전체를 차지하고자 했어요. 계속 전쟁을 벌이면서 일본에서는 전쟁 무기를 만드는 군수 산업이 크게 발전했어요. 하지만 국민들의 생활은 힘들고 어려워졌지요. 이러한 상황 속에서 일본은 독일, 이탈리아와 함께 제2차 세계 대전을 일으켜 동남아시아까지 차지했어요.

1941년 일본은 하와이에 있는 미국 해군 기지를 공습하여 미국과도 전쟁을 벌였어요. 그러나 일본은 미국 등 연합군에게 패해 결국 1945년 8월 15일에 항복했지요.

4장 아시아의 시련

인도가 영국의 지배를 받다

서양 열강들이 무굴 제국을 침략하다

1700년대 초에 무굴 제국의 힘이 점점 약해지자 인도 각 지역에 작은 나라가 많이 들어섰어요. 게다가 이슬람교도와 힌두교도의 대립도 심했지요. 영국과 프랑스는 이 틈을 타 인도에 대한 지배를 넓혀 나갔어요. 이 과정에서 두 나라는 인도 곳곳에서 부딪혔어요.

1757년에 영국은 플라시에서 벵골 태수와 연합한 프랑스 군대를 물리치고 벵골 지방을 차지했어요. 이후 영국은 인도 남쪽에 있는 마이소르 왕국, 중부의 마라타 동맹 세력과 싸워 이겼답니다. 프랑스를 물리친 영국은 동인도 회사를 앞세워 인도 전 지역을 지배했어요.

플라시 전투에서 승리한 영국군과 패배한 벵골 태수의 만남

세포이의 불만이 폭발하다

영국은 처음에는 인도의 풍습을 존중하는 체 했지만 점차 철저한 식민 정책을 폈어요.

인도는 본래 유럽에서도 인기가 많은 모슬린이나 캘리코 같은 면직물 수출 국가였어요. 그런데 영국이 산업 혁명으로 대량 생산된 면제품을 값싸게 인도에 팔았어요. 그러면서 자신들의 면직물 산업을 보호하기 위해 인도에서 생산한 면직물에 대해서는 높은 수입 관세를 매겼지요. 수입 관세는 수입품에 부과하는 세금을 말해요.

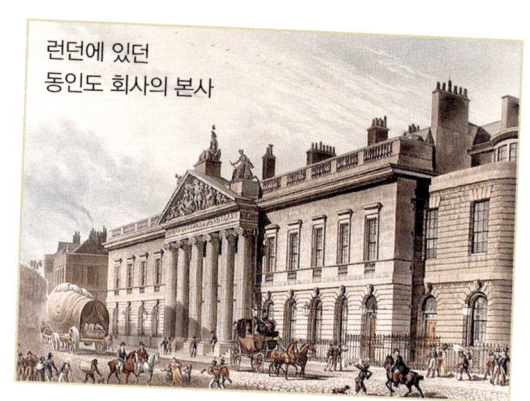

런던에 있던 동인도 회사의 본사

이로 인해 인도의 면직물 산업은 심한 타격을 입어 무너졌고, 인도에서는 실업자가 크게 늘어났지요. 인도는 영국의 원료 공급지이자 상품 시장으로 변했답니다. 더 나아가 영국은 힌두교도와 이슬람교도 간의 대립을 부추겨 인도를 보다 쉽게 식민 지배하려고 했어요.

1857년에 인도 북부 델리에서 농민과 수공업자, 일부 지방 세력이 영국에 대항하여 반란을 일으켰어요. 영국 동인도 회사에 고용된 인도인 병사였던 세포이들이 중심이 되었기 때문에 '세포이 항쟁'이라고 해요.

영국의 가혹한 지배에 저항해 일어난 세포이의 봉기에 도시 빈민과 농민들도 많이 참여했어요. 그리고 지방 세력가들도 동인도 회사에 빼앗긴 지배권을 되찾고자 이 항쟁에 동참했어요. 드디어 세포이 항쟁은 전국적인 규모의 민족 항쟁으로 폭발했지요. 이 민족 운동에는 잔시 왕국의 여왕인 락슈미 바이도 참여했답니다.

델리 근처에서 시작되어 인도 북부 전체로 확대되었던 세포이 항쟁은 영국군에게 진압되어 1858년에 끝이 났어요. 세포이 항쟁을 진압한 영국은 동인도 회사를 해산했어요. 또 무굴 제국의 황제도 이 항쟁에 가담했다고 트집 잡아 황제 자리에서 물러나게 했어요. 결국 무굴 제국은 멸망하고, 영국이 인도를 직접 지배하게 되었어요. 이로써 인도는 1877년부터 영국의 빅토리아 여왕이 인도 황제를 겸하는 '영국령 인도'가 되었답니다.

인도의 잔 다르크, 락슈미 바이는 어떤 사람인가요?

락슈미 바이는 델리 동남쪽에 있는 잔시 왕국의 젊은 왕비였어요. 남편이 죽자 영국의 동인도 회사는 대를 이을 자식이 없다는 이유로 왕국을 강제로 병합해 버렸어요. 그녀는 이러한 조치에 저항하여 스스로를 여왕이라 부르며 영국에 대항하였답니다.

1857년에 세포이 항쟁이 확대되자 락슈미 바이는 군대의 선봉에 섰어요. 그녀와 싸운 영국의 한 장교가 '가장 훌륭하고, 가장 용감한 지휘자'라고 극찬할 정도로 앞장서서 싸웠어요. 그러나 락슈미 바이는 1858년 6월 전투 중에 장렬한 최후를 맞았지요. 그녀의 나이 22세였어요.

그녀의 활약은 오늘날까지 이야기나 민요로 전해져, '인도의 잔 다르크'로서 존경과 사랑을 받고 있답니다.

락슈미 바이의 동상

4장 아시아의 시련

인도 국민 회의가 영국에 맞서다

인도 국민 회의가 반영 투쟁에 나서다

영국의 직접 통치가 시작되면서 '인도 국민의 단합'을 부르짖으며 영국의 인도 정책을 비판하는 움직임이 일어났지요. 이에 영국은 인도인의 불만을 합법적인 방법으로 처리할 수 있는 길을 만들어 영국과 인도의 협조를 원활히 하겠다고 했어요. 그래서 1885년에 인도 국민 회의의 구성을 지원했어요.

인도 국민 회의는 처음에는 영국의 인도 통치에 협력했어요. 그러나 영국의 인도 통치가 심해지고 인도인의 민족의식이 높아지면서 영국의 의도와 달리 인도 국민 회의는 점차 반영 민족 운동에 나섰어요.

1905년 영국은 행정적으로 통치하는 데 불편하다는 이유를 들어 반영 운동이 자주 일어나고 있던 벵골 주를 이슬람교도 거주 지역과 힌두교도 거주 지역으로 나눈다는 정책을 발표했어요. 그렇지만 이 정책은 영국이 이슬람교도와 힌두교도의 종교 갈등을 일으켜 인도의 민족 운동을 분열시키는 데 목적이 있었어요. 이에 분노한 인도인들이 인도 국민 회의를 중심으로 대규모 반영 운동을 일으켰어요.

이때 인도 국민 회의는 스와데시 운동, 즉 인도 국산품을 애용하고 영국 상품을 배척하자는 운동도 벌였어요. 인도인이라면 외제 옷을 입고 감히 거리에 나서지 못할 만큼 이 운동은 활발하게 전개되었답니다. 그 뒤 이 운동은 인도 전역으로 퍼져 나가 인도의 독립과 자치를 주장하는 스와라지 운동으로 발전했어요.

제1차 세계 대전이 일어나자 영국은 인도에 지원을 요청했어요. 전쟁에서 이기면 자치권을 주겠다는 약속을 했지요. 마하트마 간디를 비롯한 인도의 지도자들은 영국의 약속을 믿고 군사와 각종 군수품을 지원했어요. 그러나 전쟁이 끝난 후 영국은 인도인에게 자치권을 주겠다는 약속을 어겼을 뿐 아니라 오히려 더욱 강압적으로 인도를 다스리려고 했어요. 이에 맞서 간디가 이끄는 인도 국민 회의는 비폭력, 불복종 운동을 전개했어요.

4장 아시아의 시련

종교적 차이로 인도가 분열하다

영국은 힌두교도가 대다수를 차지하는 인도 국민 회의에 맞서 이슬람교도의 권리를 보호하기 위해 결성된 전 인도 이슬람 연맹을 영국의 편으로 만들고자 했지요. 이슬람 세력과 간디는 서로 협력하면서 영국의 지배에 저항했어요. 그러나 1937년 치러진 지방 선거에서 압도적으로 승리를 거둔 인도 국민 회의는 이슬람과의 협력을 깨뜨리고 말았어요.

제2차 세계 대전이 터지자 영국은 또다시 인도의 협조가 필요했어요. 이번에는 영국이 일방적으로 인도를 연합국 편에 가담시켰을 뿐 아니라 인도의 이름으로 독일에 선전 포고까지 했답니다. 제1차 세계 대전 때 약속을 지키지 않았던 영국을 괘씸하게 여긴 인도 사람들은 가만히 있지 않았어요. 인도 국민 회의는 영국과의 협조를 거부하고 고위 관리들이 사퇴해 버렸어요.

그러나 전 인도 이슬람 연맹의 지도자인 진나는 재빨리 이슬람교도가 사는 지역을 독립시켜 준다면 영국에 협조하겠다는 제안을 했어요. 그래서 영국은 이슬람 연맹과 손을 잡았답니다.

제2차 세계 대전이 끝나갈 무렵, 국내외의 여러 정세 때문에 영국은 인도를 독립시킬 수밖에 없었어요. 그러자 전 인도 이슬람 연맹에서도 파키스탄의 독립을 요구했지요. 이에 1944년에 간디는 진나와 회담을 가졌어요.

진나가 이끈 전 인도 이슬람 동맹

간디는 독립이 먼저라고 주장했으나 진나는 분리가 먼저라고 맞섰지요. 두 사람의 협상이 깨지면서 인도 국민 회의에서 간디의 영향력이 크게 줄었어요. 대신 네루가 인도 국민 회의의 새로운 지도자로 등장했어요. 네루는 인도와 파키스탄의 분리에 찬성하는 입장이었지요.

1947년 8월 15일에 인도는 마침내 200년 동안의 영국 지배에서 벗어나 독립을 했으나 그것은 반쪽의 승리였을 뿐이었어요. 독립과 동시에 파키스탄이 분리되어 나갔기 때문이지요. 인도에서는 네루가 초대 수상에 올랐고, 파키스탄에서는 진나가 초대 대통령이 되었어요. 그리고 1948년에 인도 통일의 마지막 버팀목이었던 간디가 암살됨으로써 인도와 파키스탄은 완전히 분리되고 말았답니다.

네루와 간디

인도, 파키스탄, 방글라데시는 한 나라?

인도는 힌두교와 이슬람교, 불교 등 여러 종교가 발달한 나라예요. 영국은 거대한 인도를 지배하는 데 종교 갈등을 이용한 통치 정책을 폈어요.

제2차 세계 대전이 끝난 후에 인도 대륙의 힌두교와 이슬람교가 종교적으로 대립하여 나라는 갈라졌어요. 영국으로부터 독립한 인도는 1947년 힌두교의 인도와 이슬람교의 파키스탄으로 분리되었고, 남쪽의 실론 섬은 불교의 스리랑카가 되었어요.

독립한 파키스탄은 인도 대륙 양쪽으로 2천km 떨어진 두 곳에 동파키스탄과 서파키스탄으로 나뉘어 있었는데, 두 개의 파키스탄은 종교는 같았지만 인종과 언어는 달랐어요. 얼마 지나지 않아 동파키스탄이 벵골 주의 자치를 강하게 요구하면서 내전을 일으켰고, 1971년에 동파키스탄은 방글라데시라는 이름으로 독립을 했지요.

4장
아시아의 시련

동남아시아 각국이 침략에 맞서다

유럽이 향신료를 얻기 위해 침략하다

유럽 세계가 새로운 항로를 개척한 이후 동남아시아 여러 나라는 그들의 식민지가 되고 말았어요. 제일 먼저 동남아시아로 진출한 나라는 포르투갈이었고, 1600년대에는 네덜란드가 식민 지배에 앞장섰지요. 네덜란드는 인도네시아에 동인도 회사를 세우고, 향신료와 사탕수수 등을 재배하도록 강요해 많은 경제적인 이익을 얻었어요. 이때부터 인도네시아는 '네덜란드령 동인도 제도' 또는 '네덜란드령 인도 제도'로 알려지게 되었지요.

1600년대 초에는 프랑스가 동남아시아 지역을 침략해 베트남과 캄보디아, 라오스를 점령하고 프랑스령 인도차이나를 만들었어요.

> 동남아시아 지역에서 유럽 식의 건축물과 생활 방식이 보이는 이유는 아마도 유럽 국가의 식민 지배를 받았기 때문인 것 같아.

> 치사해. 너 언제 나도 모르게 동남아시아에 여행 갔다 온거야?

영국은 1800년대 초에 말레이 반도를 침략하여 싱가포르를 비롯한 말레이 해협을 차지했지요. 그리고 미얀마를 식민지로 삼은 후 말레이 연방을 만들었어요.

유럽 국가들은 처음에는 값비싼 향신료를 욕심 내어 동남아시아를 차지하려고 했어요. 그러나 점차 동남아시아를 아시아 침략의 발판이자 원료 공급지로 삼으려는 욕심을 드러냈어요. 그래서 식민지 주민들에게 커피, 사탕수수, 담배 재배를 강요했지요.

근대화와 민족 운동이 전개되다

유럽 국가들의 침략해 대항하여 동남아시아의 여러 국가들은 민족 운동을 벌이는 한편, 근대화를 추진했어요.

베트남에서는 프랑스의 침략에 대항하면서 일본에 유학생을 보내 유럽의 근대 문물을 받아들여 힘을 키우고자 했지요.

타이는 라마 4세와 라마 5세가 근대화 개혁을 추진했어요. 그리고 동남아시아 국가들 중 유일하게 독립을 유지할 수 있었어요. 그 이유는 위치상 영국과 프랑스가 세력을 넓히고 있던 중간 지대에 있었기 때문이었어요. 또 적극적으로 개혁을 위해 노력하면서 외교적 노력에도 힘을 기울였기 때문이었지요.

인도네시아에서는 지식인들이 교육을 통해 국민들을 계몽하고, 민족 의식을 높이려고 했어요. 1911년에는 이슬람 동맹을 만들어 네덜란드에 저항하는 민족 운동을 전개했지요.

미얀마는 영국과의 전쟁에서 패배한 뒤, 1886년부터 영국의 지배를 받았어요. 1910년대 이후 미얀마에서는 인도와 영국으로부터 분리를 요구하는 운동이 일어났지요.

타이의 왕들이 살았던 방콕의 짜끄리 궁전

필리핀은 마젤란의 항해 이후 1565년부터 300여 년 동안 에스파냐의 식민 통치를 받았어요. 1800년대 들어 경제가 발전하고 독립 의식이 높아지면서 필리핀에서도 독립 운동이 활발하게 일어났지요. 특히 1892년에 호세 리살은 필리핀 연맹을 만들어 에스파냐 인과 필리핀 인의 동등한 권리를 요구하는 비폭력 운동을 전개했답니다. 그 뒤 1898년 6월에 필리핀은 독립을 선언하고, 독립 운동가인 아기날도를 지도자로 삼아 임시 공화국을 선포했어요. 하지만 기쁨은 잠시였고, 필리핀은 에스파냐와의 전쟁에서 이긴 미국의 지배를 받게 되었답니다.

제1차 세계 대전 이후 식민 지배에 고통 받던 동남아시아 각국에서 여러 가지 형태의 민족 운동이 전개되었어요.

베트남에서는 호찌민을 중심으로 베트남 공산당이 만들어졌어요. 인도네시아에서는 공산당의 지도 아래 무장 봉기가 일어났는데, 이때 많은 사람들이 네덜란드의 탄압으로 죽거나 추방되었답니다. 그 후 국민당이 인도네시아의 민족 운동을 이끌었어요. 그러나 국민당을 이끌던 수카르노가 1929년에 체포된 뒤에 국민당은 해체되었답니다. 타이는 1933년에 입헌 군주제를 세우고, 외국과 맺었던 불평등 조약을 폐지했어요. 그리고 필리핀은 태평양 전쟁이 일어나면서 일본군에게 점령당했고, 인도차이나 반도 역시 제2차 세계 대전 때 일본의 식민지로 전락했어요.

호찌민 동상

4장 아시아의 시련

서아시아 세계가 변하다

러시아 – 튀르크 전쟁(1787~1792)

> 넓은 영토를 자랑하던 오스만 제국이었지만 힘이 약해지면서 강대국의 침략에 시달렸어요.

오스만 제국의 화려한 시간은 끝나다

유럽의 신항로 개척으로 무역의 중심이 지중해에서 대서양으로 이동하면서 오스만 제국의 번영은 점점 쇠퇴했어요.

1700년대 후반부터 오스만 제국의 통치자들은 유럽식으로 군사 개혁을 추진했어요. 왜냐하면 지중해와 유럽의 동부에서 벌어진 유럽과의 대결에서 밀려났고, 오스만 제국이 다스리던 아라비아 반도와 이집트에서는 자립 운동이 활발하게 일어났기 때문이지요.

오스만 제국이 군사 개혁을 추진하자 그동안 각종 특권을 누리고 있던 예니체리가 반발했어요. 그들은 개혁을 주장한 술탄 2명을 폐위시키기도 했지요.

대개혁을 추진하다

1826년에 술탄 마흐무드 2세는 예니체리를 해체하고, 이에 반발하는 세력을 제거함으로써 군대 개혁을 성공적으로 마쳤어요. 또 지방 통치자나 종교 지도자들의 자치권도 제한하여 술탄을 중심으로 한 강력한 질서를 세우고자 했지요. 이러한 노력을 폈지만 제국의 해체는 막을 수 없었어요. 개혁이 진행되는 동안에도 그리스와 이집트 등 식민지에서 독립 운동이 활발하게 일어났고, 국경을 접하고 있던 러시아가 끊임없이 침략했기 때문이지요.

오스만 제국은 개인의 자유와 재산권을 보장하고, 군대·행정·교육·법 등을 근대적으로 고치는 대개혁을 추진했어요. 이 개혁을 '탄지마트'라고 해요. 그리고 1876년에는 자유주의 헌법을 제정하는 등의 개혁이 추진되기도 했답니다.

그러나 오스만 제국의 이러한 노력은 개혁에 반대하는 보수 세력이 성장하고 유럽 강대국이 간섭하여 큰 성과를 얻지는 못했어요.

돌마바흐체 궁전

터키 공화국이 들어서고, 아랍 민족이 독립하다

자유주의 개혁을 추진한 세력이 러시아와의 전쟁에서 패하자 보수 세력은 술탄의 권한을 강화하고 범이슬람주의를 내세웠어요. 범이슬람주의란 유럽식 개혁에 맞서 이슬람 최고 지도자인 오스만 제국의 술탄을 중심으로 단결하는 운동이랍니다. 그러나 오스만 제국은 제1차 세계 대전에서 패전국이 되어 쇠퇴의 길을 걷다 결국 1922년에 멸망하고 말았어요. 그리고 1923년에 터키 공화국이 들어섰지요.

터키 공화국 건설에 앞장선 사람은 '터키 인의 아버지'로 알려진 무스타파 케말이에요. 그가 튀르크 인의 정부를 세울 수 있었던 것은 많은 사람들의 용기를 끌어낸 그의 지도력과 그를 지지한 터키 인들의 열정 때문이었지요.

무스타파 케말은 터키 공화국의 초대 대통령이 되어 수도를 이스탄불에서 앙카라로 옮겼어요. 그리고 터키 문자 대신 알파벳을 사용하게 하고, 여성에게 참정권을 주는 등 개혁을 단행했어요. 그의 목표는 유럽과 같은 강력한 국가를 만드는 것이었지요. 무스타파 케말이 죽은 1938년 무렵 터키는 유럽 문명을 적극적으로 받아들임으로써 다른 이슬람 국가보다 빨리 근대 국가로 성장해 있었어요.

한편, 오스만 제국이 약화되면서 이슬람 여러 민족들의 민족 운동이 빠르게 퍼져 나갔고, 많은 국가들이 독립했지요. 영국은 제1차 세계 대전 중 튀르크 영토 안에 있는 아랍 인의 협력을 얻기 위해 아랍 국가의 독립을 약속했답니다. 이에 자극을 받은 아랍 인도 독립 운동을 활발히 전개했어요. 그러나 전쟁이 끝난 후 이 약속은 지켜지지 않았어요.

1805년에 오스만 제국의 이집트 총독이 된 무함마드 알리는 그 뒤 오스만 제국으로부터 이집트의 독립을 이루었어요. 그는 프랑스의 도움을 받아 근대화에 힘쓰고, 영토도 넓혔어요. 제1차 세계 대전 중 이집트는 영국의 보호국으로서 전쟁에 참여하기도 했지요. 그러나 전쟁이 끝난 후 영국이 독립을 인정하지 않자 반영 운동을 전개했어요. 결국 영국은 1923년에 명목상으로 이집트의 독립을 인정했지만 그들이 차지하고 있던 수에즈 운하 관리권은 넘기지 않았답니다.

문화이야기

수에즈 운하가 이집트 발전에 미친 영향

　이집트의 수에즈 운하는 홍해와 지중해를 잇는 인공 바닷길이에요. 운하가 만들어지기 전 유럽에서 인도로 가려면 배를 타고 아프리카 대륙을 돌아서 가야 했지요. 얼마나 지루하고 긴 항해였을까요? 어느 날 프랑스 인 르셉스가 이집트의 총독을 찾아와 운하 건설을 제안했지요. 그래서 이집트는 프랑스의 재정 도움을 받아

운하 개통식

유럽과 아시아를 잇는 가장 짧은 거리의 통로를 만들었어요. 1869년 163km의 운하가 완공되었어요. 유럽의 배는 아프리카 대륙을 돌아가지 않고도 아시아에 곧바로 갈 수 있게 되었지요. 항해 거리는 약 1만km, 항해 기간은 3분의 1로 줄었어요.
　그런데 운하 건설로 큰 이익을 기대했던 이집트는 운하를 건설하는 데 너무 많은 비용이 들어 오히려 파산지경에 몰려 수에즈 운하의 주식을 팔아야 했지요. 결국 건설에 참여하지도, 돈도 대지 않았던 영국이 수에즈 운하의 주식을 샀고, 이집트는 영국의 정치 간섭까지 받는 신세가 되었답니다.

5장

1914년	1917년	1919년	1929년	1937년
제1차 세계 대전	러시아 혁명	베르사유 조약	경제 대공황	중·일 전쟁

현대 세계의 전개

1900년대의 세계는 격동의 시기였어요. 두 차례의 세계 대전이 일어났으며,
러시아에서는 세계 역사상 최초로 사회주의 정권이 탄생했지요.
1950년대에는 자유 진영과 공산 진영이 대립하는 냉전 체제가 성립되었고,
아시아·아프리카에서는 많은 신생 독립 국가가 탄생했답니다.
이후 1980년대 후반에 소련을 비롯한 공산권이 몰락했어요.

우리에게 일자리를 달라.

베트맨! 아니 베트콩!

강아, 정신 차려.

1939년
제2차 세계 대전

1948년
제1차 아랍-이스라엘 전쟁

1966년
중국, 문화 대혁명

1990년
독일 통일

1991년
소련 해체

5장 현대 세계의 전개

두발의 총성으로
세계 대전이 일어나다

유럽 국가들이 식민지 쟁탈전을 벌이다

산업이 크게 발전하면서 유럽의 국가들은 대량으로 생산된 상품을 팔 수 있는 시장과 원료 공급지를 얻기 위해 식민지 확보에 경쟁적으로 나섰어요. 영국과 프랑스 등은 이미 많은 식민지를 가졌지만 독일, 이탈리아, 일본, 러시아 등 뒤늦게 산업화를 이룬 나라들은 더욱 치열하게 싸움에 뛰어

들었지요. 이런 경쟁 속에서 독일을 중심으로 오스트리아-헝가리 제국과 이탈리아가 삼국 동맹을 결성했어요. 그리고 이들과 대립하고 있던 영국과 프랑스, 러시아가 삼국 협상을 맺었어요. 이로 인해 유럽 세계는 긴장 상태에 빠졌지요.

발칸 문제를 누르고 있는 유럽 열강들

한편, 이 시기에 유럽의 끝에 있는 발칸 반도라는 지역은 '유럽의 화약고'라고 불렸어요. 왜냐하면 발칸 반도에서는 독일, 오스트리아-헝가리 제국을 중심으로 하는 범 게르만 족과 러시아를 중심으로 하는 범 슬라브 족이 팽팽히 맞서 언제든지 충돌이 일어날 수 있었기 때문이지요.

이러한 상황 때문에 유럽 세계는 점차 전쟁의 위기로 빠져들어갔어요.

1914년 6월 28일 일요일, 보스니아의 수도 사라예보에서 오스트리아-헝가리 제국의 황태자 페르디난트와 부인 조세핀이 탄 차 앞에 한 청년이 뛰어들어 권총을 겨누었고, 총성 두 발이 울렸어요. 차에 타고 있던 황태자 부부가 쓰러졌고, 청년은 그 자리에서 체포되었지요. 이 사건이 바로 제1차 세계 대전의 시작을 가져온 사라예보 사건이랍니다.

범인은 세르비아의 19세 청년 프린체프였어요. 그는 세르비아 인의 해방을 위해 만든 비밀 단체 소속이었지요. 세르비아는 발칸 반도에 있는 슬라브 족의 나라로, 1878년에 오스만 제국에서 독립한 뒤 오스트리아-헝가리 제국과 정치·경제적으로 갈등을 겪고 있었답니다.

유럽 각국이 전쟁에 뛰어들다

사라예보 사건이 일어나자 유럽의 각국은 긴장했어요. 결국 사건이 일어난 지 꼭 한 달째 되는 1914년 7월 28일에 오스트리아-헝가리 제국은 세르비아에 선전 포고를 했어요. 독일은 동맹국 오스트리아-헝가리 제국 편에, 영국과 프랑스, 러시아는 세르비아 편에 섰어요.

이후 유럽 여러 나라들은 이해관계와 동맹 관계에 따라 전쟁에 뛰어들었어요. 전쟁이 끝날 때까지 30개 나라가 전쟁에 참여했지요.

전쟁이 길어지면서 독일을 중심으로 한 동맹국 세력은 점차 힘을 잃었어요. 독일 국민들은 굶주림에 시달렸고, 군인들은 속속 도망쳤지요. 동맹국들이 잇달아 항복했고, 독일에서는 혁명이 일어나 새로운 정부가 들어서 연합국에 항복했어요. 이로써 제1차 세계 대전이 끝이 났지요. 전쟁 중 미국의 참전과 러시아에서 일어난 사회주의 혁명은 전쟁 상황을 변화시키는 데 큰 영향을 미쳤어요.

전쟁이 끝난 뒤, 전승국 대표들이 파리에 모여 강화 회의를 열었어요. 이 회의에서 미국 대통령 윌슨은 민족 자결주의를 발표했지요. 이 원칙은 유럽뿐만 아니라 아시아·아프리카의 식민지 국가들에게 독립의 희망을 안겨 주었답니다. 그러나 민족 자결주의 원칙이 적용된 것은 전쟁에 패한 독일 등 동맹국의 지배를 받던 나라들뿐이었고, 승전국의 지배를 받고 있던 나라에는 적용되지 않았어요. 그래서 우리나라, 중국, 인도 등은 독립을 얻지 못했지요.

한편, 파리 강화 회의의 결정으로 전쟁을 주도한 독일은 식민지를 모두 빼앗기고, 막대한 배상금을 물어야 했답니다.

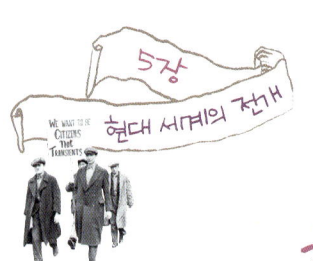

5장 현대 세계의 전개

최초의 사회주의 국가가 등장하다

러시아의 니콜라이 2세 부부

후진적인 러시아 체제에 노동자가 저항하다

유럽의 여러 나라는 자연스럽게 시민 계급이 성장하면서 시민 혁명과 산업 혁명을 거쳐 시민 사회로 발전했어요. 그러나 러시아에는 차르(황제) 체제와 농노 제도가 그대로 남아 있었지요.

러시아에서는 1890년대부터 본격적으로 산업화가 진행되었고, 산업화가 진행되는 도시를 중심으로 노동자 계급이 등장했어요. 당시 노동자들은 장시간 노동과 적은 임금에 생활이 힘들었고, 직장을 잃을 수 있다는 위협에 늘 시달렸어요.

열악한 상황은 노동자들의 단결된 투쟁을 이끌어 냈고, 노동자는 점점 혁명의 중심 세력이 되었어요.

이 같은 사회 변화와 함께 자본가의 착취와 억압으로부터 노동자 계급을 해방시켜야 한다는 사회주의 사상이 퍼져 나갔어요. 레닌을 비롯한 사회주의자들을 중심으로 여기저기에서 개혁을 요구하는 목소리가 점점 높아졌답니다.

이러한 분위기가 깊어지는 중에 일본이 러시아를 공격하여 전쟁이 일어났어요. 러시아는 일본에 맞서 싸웠지만, 그 다음 해에 지고 말았답니다. 전쟁의 패배로 차르 체제에 대한 사람들의 불만이 높아져 결국 1905년 1월 22일 일요일에 수도 상트페테르부르크에서 시위가 일어났어요.

노동자의 부당한 해고에 저항하고 개혁을 호소하는 시위대가 상트페테르부르크에 있는 차르의 겨울 궁전을 향해 평화 행진을 하면서 시위는 시작되었어요. 그런데 차르의 군대는 단순하게 '빵과 평화'를 요구하면서 무장도 하지 않은 시위 행렬을 향해 무자비하게 총을 쏘았어요. 하얗게 눈이 덮인 겨울 궁전 앞의 광장은 빨간 피로 물들었지요. 이것을 '피의 일요일 사건'이라고 해요. 이 사건으로 차르에 대한 사람들의 작은 믿음조차 무너졌어요.

피의 일요일 사건

러시아에서 최초로 사회주의 정부가 들어서다

제1차 세계 대전이 한창인 1917년 2월에 굶주림과 추위에 시달리던 사람들이 수도 상트페테르부르크에서 폭동을 일으켰어요. 시위 첫날 10만여 명의 노동자가 참여했고, 시위대는 점점 늘어났어요. 진압에 나선 경찰과 군인들도 시위대를 지지했고, 나중에는 병사들까지 시위 군중과 함께 궁전으로 몰려갔지요. 이들은 궁전의 꼭대기에 붉은 깃발을 꽂았어요.

병사와 노동자들은 '노동자·병사 대표 소비에트'를 만들었어요. 이에 의회는 혁명이 확산되는 것을 막고자 황제를 퇴위시키고 임시 정부를 수립했답니다. 이것을 '2월 혁명'이라고 해요. 2월 혁명으로 300여 년의 역사를 유지한 러시아의 로마노프 왕조는 역사 속으로 사라졌어요.

한편, 망명지를 떠돌던 레닌이 1917년 4월에 열렬한 환영 속에 귀국했어요. 그는 젊은 시절부터 노동자 계급의 해방 투쟁을 벌이다가 시베리아로 쫓겨나기도 했어요.

사람들 앞에 선 레닌은 노동자·농민의 소비에트 공화국 건설을 주장했어요. 당시 러시아의 전쟁 참여는 계속되고 있었고, 임시 정부의 개혁은 실패했지요. 지지 세력이 커진 레닌을 중심으로 또다시 혁명이 일어났어요. 이로 인해 임시 정부가 무너지고 노동자와 농민의 정부인 소비에트 정부가 들어섰지요. 이것이 '10월 혁명'이랍니다.

자본가와 군주를 쓸어버리는 레닌(풍자화)

소련이 수립되다

권력을 장악한 레닌은 먼저 제1차 세계 대전의 소용돌이 속에서 빠져나왔어요. 그리고 모든 산업과 토지를 국가가 소유하고 관리하도록 했지요. 그러나 급격한 개혁으로 사회는 혼란에 빠지고 경제도 어려워졌어요. 그래서 레닌은 자본주의의 요소를 일부 받아들인 정책을 실시했지요. 1922년에는 러시아를 비롯한 주변 15개국과 함께 '소비에트 사회주의 공화국 연방' 즉 소련을 수립했어요.

이후 스탈린이 레닌에 이어 집권했어요. 스탈린은 집단 농장을 만들어 농민들을 이주하게 하고 중공업 중심의 공업화를 추진했어요. 그런데 이 과정에서 자신의 정책에 반대하는 사람들을 탄압하고 처형하는 등 독재 정치를 했어요.

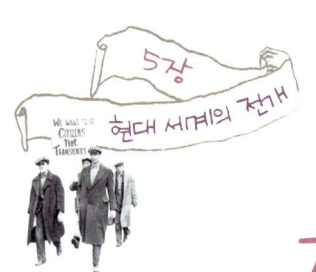

5장 현대 세계의 전개

경제 대혼란이 일어나다

세계가 경제 공황에 힘들어하다

경제 공황이란 늘어난 생산량에 비해 소비는 크게 줄어든 채 경제 상황이 지속적으로 나빠지는 상태를 말해요. 제1차 세계 대전 후 세계 경제를 주도하고 있던 미국에서 시작된 경제 공황은 전 세계로 퍼져 나가 거의 모든 나라에 영향을 미쳤어요. 그럼 경제 대공황은 왜 일어났을까요?

제1차 세계 대전 후 전쟁 피해가 없었던 미국은 최고의 번영을 누리고 있었어요. 그러나 1929년 10월, 뉴욕 증권 거래소의 주식 가격이 크게 떨어지면서 미국 경제는 몇 년에 걸친 대공황의 늪에 빠져 버렸어요. 그 영향으로 많은 은행과 공장이 문을 닫았고, 이에 따라 실업자 수가 크게 늘어났지요. 그리고 농산물 가격도 크게 떨어졌어요.

10월 24일 뉴욕 증권 거래소 주변에 몰려든 사람들

미국은 경제 상황이 곧 좋아질 것이라고 믿었지만, 경제적인 어려움은 곳곳에서 나타났어요. 미국에서 일어난 대공황은 유럽을 비롯한 다른 나라에 빠르게 영향을 미쳤어요.

　한편, 유럽 각국은 제1차 세계 대전 이후 경제가 매우 어려웠지요. 러시아에 사회주의 체제가 들어서고, 레닌이 식민지 독립 지원을 약속하자 영향을 받은 각국의 식민지에서는 독립 운동이 거세게 일어났어요. 무역의 규모는 크게 줄어들었지만, 생산은 계속 늘어만 갔답니다. 이런 상태에서 대공황이 발생한 것이지요.

　상점과 창고에는 물건이 산더미처럼 쌓였는데 사람들은 굶주림과 추위에 떨어야 했어요. 물건이 팔리지 않자 공장 주인들이 생산량을 줄이면서 실업자의 수는 점점 늘어났지요. 가족을 먹여 살리려고 노동자들은 일자리를 구하러 거리를 떠돌았어요.

줄을 서서 무료 배식을 기다리는 사람들

나에게 일자리를 줘.

5장 현대 세계의 전개

뉴딜 정책, 보호 무역 그리고 침략 정책이 나타나다

경제 대공황으로 세계의 공업 생산력은 공황 전에 비하여 절반 이하로 떨어졌고, 세계 무역량도 3분의 1로 줄었어요. 실업자는 영국 300만 명, 독일 600만 명에 이르렀으며, 노동자의 임금 또한 절반 이하로 떨어졌지요.

미국에서는 대공황을 극복하기 위해 '정치는 경제에 개입하지 않는다.'는 경제 정책의 원칙을 버렸어요. 당시 루스벨트 대통령은 나라가 경제 정책에 적극 개입해 경제를 강력하게 통제하는 뉴딜 정책을 실시했지요. 그리고 실업자를 구제하기 위해 댐 공사 등 대규모 공사를 벌이고, 주변 여러 나라와의 교역도 확대했답니다.

영국과 프랑스는 나라에서 경제를 통제하는 보호 무역 정책을 실시했어요. 그리고 많은 해외 식민지를 본국과 하나의 경제 블록으로 묶어 경제적 관계를 강화했어요. 그렇지만 블록 형성은 큰 효과를 거두지 못했고, 오히려 블록 사이에 대립만 심해졌어요.

뉴딜 정책에 따라 테네시 강에 건설된 댐

한편, 식민지가 없거나 그 수가 적었던 독일, 이탈리아, 일본 등은 경제 공황 때문에 경제적으로 더욱 어려워졌지요. 이로 인해 사회도 불안해졌어요. 그래서 이들은 개인보다는 민족과 국가를 위한다는 이유를 내세워 다른 나라를 침략하여 해외 시장을 확대함으로써 대공황을 극복하려고 했지요. 이러한 움직임 때문에 제1차 세계 대전 이후 평화를 유지하려던 국제 협조 정신은 점점 무너지기 시작했어요.

뉴딜 정책이란 무엇인가요?

미국 대통령 선거가 있던 1932년 말에 미국 경제는 최악의 상황이었어요. 민주당의 루스벨트는 선거 표어로 '뉴딜(New Deal)'을 내놓았어요. 뉴딜이란 포커 게임에서 카드를 새로 친다는 뜻이에요.

뉴딜 정책의 중심은 생산량이 많은 것은 억제하고, 물건을 살 수 있도록 임금을 올려 주며, 노동자의 권리를 높이고, 노동자와 사업가의 협조를 통해 산업을 부흥시킨다는 것이었어요. 이러한 정책 방향은 농업 부문에도 적용되었지요.

5장 현대 세계의 전개

또다시 전쟁이 세계를 뒤흔들다

대공황의 혼란 속에서 파시즘이 등장하다

제1차 세계 대전 후 국제 질서는 전쟁에 승리한 나라들을 중심으로 형성되었어요. 그래서 불만을 가진 나라가 많았어요. 또 세계의 경제와 정치를 주도하던 미국에서 시작된 경제 공황이 전 세계로 퍼지자 몇몇 나라에서는 경제적인 어려움과 함께 사회 불안까지 심해졌어요. 이 중에는 대공황을 이겨내기 위한 방안으로 파시즘을 선택한 나라들도 있었어요. 대표적인 나라가 이탈리아, 독일 그리고 일본이었어요.

파시즘은 '전체주의' 또는 '독재'를 뜻해요. 대공황과 사회주의가 퍼지면서 불안을 느낀 자본가, 지주들은 강력한 지도자가 나타나 모든 문제를 해결해 주기를 바랐어요. 그리고 민족의 장래나 나라의 이익을 위해서는 개인의 자유를 제한해도 좋다고 생각했지요. 독일의 히틀러와 이탈리아의 무솔리니는 이런 분위기 속에서 등장했답니다.

무솔리니와 히틀러

무솔리니, 히틀러가 떠오르다

대공황의 어려움과 제1차 세계 대전의 패배로 좌절감에 빠진 독일 사람들에게 히틀러는 희망이었어요. 히틀러는 나치스를 중심으로 일당 독재 체제를 만들고 총통이 되었어요. 그리고 독일 민족의 우수성과 영광을 위해서 수많은 유대 인을 희생시켰답니다.

히틀러보다 앞서 1922년에 이탈리아에서는 무솔리니가 로마를 점령하고 에티오피아를 침략하면서 실의에 빠진 국민들에게 고대 로마 제국의 영광을 되찾아 줄 영웅으로 떠올랐지요.

한편, 일본에서는 대공황의 영향으로 국민들의 생활이 매우 어려워졌고, 사회 불안은 더 커졌어요. 이에 1930년대에 군부가 천황에게 충성을 강요하는 텐노이즘(천황주의)을 앞세우면서 전쟁을 벌이기 시작했어요. 1937년에는 중국을 침략하여 곳곳에서 민간인을 불태우고, 죽이는 만행까지 저질렀어요.

일본은 침략에 앞서 백인의 침략에 맞서 아시아 인의 세상을 건설하자는 구호를 내걸었지 하지만 그들은 침략자에 불과했단다.

1937년 독일은 제1차 세계 대전 후 맺은 베르사유 조약을 지키겠다는 약속을 깨뜨렸어요. 그리고 일본, 이탈리아와 함께 공산주의 세력을 막는다는 명분으로 방공 협정을 맺었어요. 세 나라는 베를린-로마-도쿄를 연결하여 세계의 중심축이 되기를 원했지요. 이로써 세계는 다시 전쟁의 위기 속으로 빠져들었답니다.

나치스와 환호하는 독일 사람들

제2차 세계 대전이 일어나다

1939년에 독일군은 선전 포고도 없이 폴란드로 쳐들어갔어요. 그런데 이보다 앞서 독일은 소련과 서로 침범하지 않는다는 내용의 조약을 체결했어요. 공산주의를 반대한다고 한 독일은 폴란드 침공을 위해 소련을 미리 막아야 했고, 소련의 스탈린은 영국, 프랑스 등 서방 연합국과 동맹을 맺는 것보다 독일과 손을 잡는 것이 이익이라고 생각했기 때문이지요. 독일과 손을 잡은 소련은 폴란드의 동쪽 반을 차지했지요. 그러자 영국과 프랑스가 폴란드와 맺은 조약을 구실로 독일에 선전 포고를 하면서 제2차 세계 대전이 시작되었어요. 전쟁 초기에 독일은 서유럽을 점령한 뒤 발칸 반도를 침략했어요. 그리고 1941년에는 서로 침범하지 않겠다고 약속한 소련으로 쳐들어갔어요.

그러나 전쟁은 점차 연합국 측에 유리해졌어요. 태평양 전선에서는 미국과 영국이 일본을 물리쳤고, 유럽 전선의 스탈린그라드 전투에서 소련이 독일을 물리쳤어요. 그리고 연합군은 아프리카 전선에서 독일과 이탈리아를 밀어냈지요. 이탈리아에 이어 독일이 항복하고 1945년 원자 폭탄을 맞은 일본이 항복하면서 전쟁은 끝났어요.

전쟁이 막바지에 이르면서 여러 나라는 전쟁 후의 상황에 대해 논의했고, 1945년에 세계 평화 유지를 위한 국제기구로 국제 연합을 설립했지요. 그러나 이 과정에서 자본주의 국가인 미국과 사회주의 국가인 소련 사이에 갈등이 나타났어요. 결국 제2차 세계 대전 뒤에 세계는 미국을 중심으로 한 자본주의 세계와 소련을 중심으로 한 사회주의 세계로 나뉘어 대립하는 냉전 시대로 접어들었어요.

5장 현대 세계의 전개

아시아와 아프리카가 식민 지배에서 벗어나다

아시아와 아프리카의 나라들이 독립하다

1800년대부터 서양 여러 나라들의 식민 지배를 받고 있던 아시아와 아프리카의 여러 나라들이 제2차 세계 대전 후 독립을 이루었어요.

서양 강대국들은 아프리카만은 식민지로 남기고 싶었지요. 하지만 아프리카의 여러 나라들이 독립 투쟁을 시작했고, 하나 둘씩 독립을 이루어냈지요. 1957년 영국의 식민지였던 가나의 독립을 시작으로 1960년에는 나이지리아를 비롯하여 17개 나라가 독립 국가임을 선포했어요. 그래서 1960년을 '아프리카의 해'라고 해요. 이후 1960년대에 아프리카 대부분의 나라들이 식민 지배에서 벗어나게 되었어요.

여러 나라가 독립하면서 아프리카는 새로운 변화를 만들기 시작했어요. 독립을 통해 자신감을 얻은 여러 나라들이 정치·경제의 통합을 목표로 '아프리카 통일 기구'를 만들었어요.

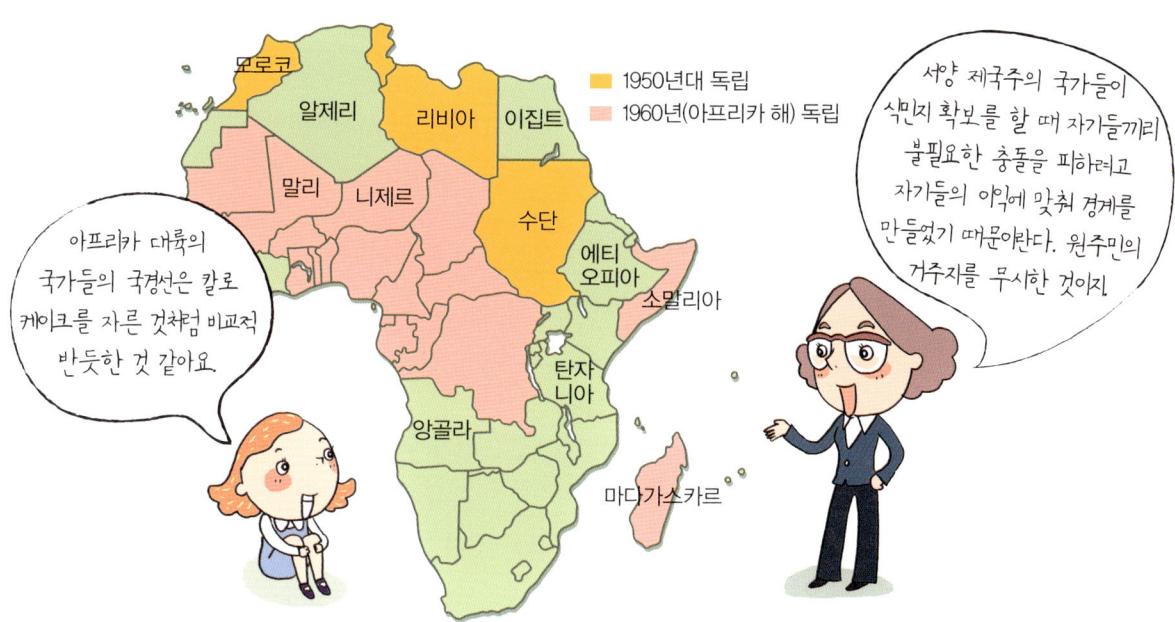

 이러한 변화와 단결은 미국의 번영이 자신들의 조상인 흑인 노예의 희생 위에 피어난 꽃이요, 영국을 비롯한 유럽 제국주의 국가의 부유함은 아시아와 아프리카 식민지에 대한 가혹한 착취의 대가, 그리고 두 차례 세계 전쟁이 제국주의 국가 간의 식민지 다툼이었다는 사실을 깨달은 데서 비롯된 것이었지요.

 그런데 어렵게 독립을 이룬 아프리카는 또다시 시련에 빠졌어요. 왜냐하면 과거 유럽 열강들이 그들의 세력 다툼 속에서 마음대로 정해 놓은 국경선 때문이었어요. 한 나라 안에 여러 부족이 섞여 있어 이들 사이에 다툼이 일어나는 경우가 많았지요. 또 몇몇 나라에서는 군인들의 독재 정치가 이어졌고, 많은 나라들이 가난에서 벗어나지 못했어요.

 한편, 아시아와 라틴 아메리카에서도 많은 나라들이 독립을 이루었지요. 이들은 새로운 질서를 원했어요. 그러나 유럽 중심의 질서를 바꾸기에는 그 힘이 부족했어요. 비록 정치적으로는 독립했지만, 자본과 기술이 뒤떨어져 경제를 독립적으로 운영할 능력이 없었기 때문이었지요.

제3세계가 등장하다

제2차 세계 대전 후 세계는 미국을 중심으로 한 자본주의 세력과 소련을 중심으로 한 공산주의 세력으로 나뉘었어요. 어제의 동맹국이던 미국과 소련은 적대국이 되어 세계 곳곳에서 팽팽히 맞섰답니다.

아시아, 아프리카 대륙의 독립국들은 또다시 강대국의 세력 다툼에 희생되지 않기 위해 단결과 동맹을 약속했어요. 이것이 바로 제3세계의 등장이랍니다.

그래서 이때부터 미국과 유럽의 산업 국가, 일본을 포함한 몇몇 비공산 국가들을 제1세계, 소련과 공산 정권이 들어선 동유럽 국가들을 제2세계, 경제적으로 후진국인 개발 도상국을 제3세계라고 부르게 되었지요.

인도의 수상 네루는 한반도에서 일어난 6·25 전쟁을 보고, 냉전이 세계 평화를 위협할 것을 알고 '비동맹 중립주의'를 주장했어요. 즉 국제적인 다툼은 결국 강대국의 이익에 도움이 될 뿐이며, 신생국은 또다시 희생될 것이 뻔하기 때문에 신생국들이 단합하여 평화 유지를 위해 적극적으로 노력해야 한다는 것이지요.

이러한 주장은 1954년 중국의 저우언라이와 인도의 네루가 함께 발표한 평화 5원칙에 구체적으로 담겼어요. 1955년 인도네시아의 반둥에서는 아시아와 아프리카에서 새로 독립한 29개 나라가 참가한 대륙 간 회의가 열렸어요. 이 회의에서 제국주의와 식민주의를 반대하고, 국제 연합에 의한 분쟁 해결 등을 주장했답니다.

그리고 1961년 지금의 베오그라드에서 제1차 비동맹 회의가 열렸어요. 이 회의에서는 비동맹 회원국에 가입하려면 비동맹과 평화 공존에 의한 독자적 정책을 세우고, 민족 해방 운동을 무조건 지지하며, 냉전에 휘말리지 않을 수 있는 조건을 갖추도록 했어요.

비동맹 운동은 신생국들의 공감을 얻어 그 세력이 빠르게 커졌고, 오늘날 제3세계는 선진국이 무시할 수 없을 정도로 성장했어요. 제3세계에 속한 나라들의 경제가 점차 발전하면서 그 위상이 높아진 것이지요.

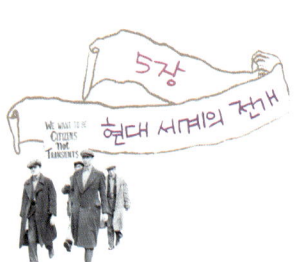

5장 현대 세계의 전개

유대인과 아랍인이 대립하다

팔레스타인 지역의 주인은 누구?

성경에 나오는 약속의 땅 팔레스타인 지역을 놓고 지금도 아랍 세계와 이스라엘이 싸우고 있어요. 팔레스타인 지역은 유대교, 크리스트교, 이슬람교의 성지이자 아랍 세계와 이스라엘 분쟁의 중심지랍니다. 이들의 싸움은 이스라엘이 이 땅에 나라를 세우면서 시작되었어요.

지금으로부터 2500년 전에 헤브라이 왕국이 멸망한 후 세계 이곳저곳에 흩어져 살던 유대 인들은 많은 시련을 겪었어요. 그러나 그들은 스스로 하느님의 선택을 받은 우수한 민족이라 믿고 유대교를 지켜 왔지요.

요르단 강

1800년대부터 유대 인 사이에서는 팔레스타인 지역에 유대 인의 나라를 세우려는 시온주의 운동이 일어났고, 이 지역으로 들어가 살기 시작했어요. 제1차 세계 대전 중에는 영국으로부터 나라를 세울 수 있도록 도와 준다는 약속을 받기도 했지요.

한편, 팔레스타인을 지배하고 있던 오스만 제국이 제1차 세계 대전에서 독일 등 동맹국과 손잡고 영국에 맞섰어요. 그래서 영국은 아랍 인들의 지지를 얻기 위해 전쟁에서 이기면 팔레스타인 지역을 아랍 인에게 주겠다는 약속을 했답니다.

영국이 유대 인과 아랍 인 모두에게 팔레스타인 지역에 나라를 세울 수 있게 해 주겠다는 이중 약속을 한 것이지요.

'통곡의 벽'이라고 불리는 예루살렘 서쪽에 있는 신전의 성벽이야. 유대 인이 여기서 기도하고 옛날을 생각하면서 통곡한다고 붙인 이름이지.

통곡의 벽 앞에서 기도하는 이스라엘의 군인

4차에 걸쳐 전쟁이 일어나다

제2차 세계 대전이 끝난 후 전쟁 중에 나치가 수많은 유대 인을 학살한 만행에 동정하는 서구 여러 나라의 여론에 힘입어 유대 민족이 팔레스타인 지역에 이스라엘을 세웠어요. 이 때문에 이 지역에 살던 아랍 인들은 어처구니없게 삶의 터전을 빼앗기고 말았지요. 그래서 아랍 인들은 아랍 연맹을 만들어 이스라엘에 대항했어요. 1948년에 이스라엘이 건국을 선포하자 아랍 연맹군은 이스라엘을 공격했지만, 패하고 말았어요.

1956년 10월에 이집트와 이스라엘 사이에 2차 전쟁이 벌어졌어요. 이집트는 이스라엘 선박의 수에즈 운하 이용을 막았을 뿐만 아니라 수에즈 운하를 국유화했어요. 이에 반발한 이스라엘이 이집트를 침략하면서 전쟁이 시작되었고, 수에즈 운하를 차지하고 싶어하던 영국과 프랑스도 이집트를 공격했지요. 그러나 영국과 프랑스에 대한 국제적 비난이 이어졌고, 국제 연합의 철수 요구에 따라 이들은 물러났지요.

1967년 6월 5일에 이번에는 이스라엘의 기습 공격으로 3차 전쟁이 시작되었어요. 이때 이스라엘은 요르단 강 서안, 가자 지구 등을 빼앗았어요. 팔레스타인에 살던 아랍 인들은 팔레스타인 해방 기구(PLO)를 조직해 이스라엘과 이들의 지원 세력인 미국을 공격했어요. 그리하여 팔레스타인은 '젖과 꿀이 흐르는 축복의 땅'이 아니라 '피와 눈물이 흐르는 수난의 땅'으로 변했답니다. 1973년 한 번의 전쟁을 더 겪은 후 1993년에 팔레스타인 해방 기구와 이스라엘은 평화 협정을 맺었어요. 그리고 1996년에 팔레스타인 해방 기구가 요르단 강 서안 지구에 자치 정부를 세웠지요. 하지만 그들의 갈등은 아직도 계속되고 있답니다.

5장 현대 세계의 전개

중국에 공산당이 들어서다

중화 인민 공화국을 선포하다

1949년 10월 1일에 베이징의 톈안먼 광장에서 중화 인민 공화국 선포식이 있었어요. 중국 공산당이 노동자를 중심으로 한 사회주의 국가를 세운 것이지요. 최고 지도자인 주석에는 마오쩌둥이 선출되었어요.

마오쩌둥은 1927년 장제스가 국·공 합작을 깨뜨린 것에 반발해 노동자·농민 부대를 조직하여 봉기했지만 실패했어요. 이후 그는 사회주의 개혁을 추진하면서 노동자, 농민들로부터 지지를 얻었어요.

제2차 세계 대전이 끝난 후 공산당과 국민당은 내전을 벌였어요. 국민당은 유럽과 미국의 지원을 받았지만 국민 대다수가 지지했던 마오쩌둥의 군대를 이기지 못했지요. 결국 장제스와 국민당은 공산당에 밀려 타이완으로 쫓겨났어요. 마오쩌둥은 국민에게 평등, 자유, 권리를 보장함으로써 충성과 지지를 얻어냈지요. 그리고 공산 정권을 세운 후 소련과

천안문과 마오쩌둥

함께 사회주의 중심 세력으로 국제 정치에 영향력을 행사했어요.

　마오쩌둥은 지주의 토지를 빼앗아 토지가 없는 농민에게 분배하는 토지 개혁을 실시했어요. 또 남녀평등을 실천하고, 자본가를 없애고 사유 재산 제도도 없앴지요. 그리고 농업 생산을 늘리기 위해 집단 농장 제도를 실시했어요. 하지만 무리하게 공산주의 경제를 발전시키려고 했기 때문에 오히려 식량과 물자가 부족해지는 상황이 일어났어요. 그래서 마오쩌둥의 급속한 공산주의 경제 정책을 수정하자고 주장하는 세력이 생겨났지요. 대표적인 인물이 덩샤오핑이었어요. 하지만 마오쩌둥은 이들을 체제를 위협하는 내부의 적이라고 하고, 이들을 없애기 위해 청년 노동자와 대학생, 중학생, 심지어는 소학교 학생까지 동원했지요. 이들을 '홍위병'이라고 해요. 이러한 정치적 혼란이 10여 년 동안 계속된 후 마오쩌둥은 사망했고, 새 지도자로 덩샤오핑이 선출되었어요.

5장 현대 세계의 전개 149

중국, 경제 대국으로 거듭나다

덩샤오핑은 '검은 고양이든 흰 고양이든 쥐만 많이 잡으면 된다.'는 유명한 말을 했지요. 사회주의 체제를 유지하지만 자본주의 경제 원리를 받아들이겠다는 그의 실용주의 정책을 반영한 말이에요.

덩샤오핑은 중국을 개방하여 외국의 자본과 기술을 적극적으로 받아들였어요. 서유럽 국가에 인재를 보내 자본주의를 열심히 연구하도록 했고, 덩샤오핑 자신은 강대국이자 자본주의가 크게 발전한 미국과 일본 등을 방문하기도 했지요. 또 기업 간의 경쟁을 이끌어내 생산력을 높였어요.

하지만 덩샤오핑의 경제 정책은 중국 사회에 많은 문제점을 가져왔어요. 급격한 경제 성장 과정에서 공산당 지도부의 부정부패가 늘어났고, 빈부 격차가 심해져 국민들의 불만이 높아졌지요.

덩샤오핑이 그려진 선전 시의 광고판

국민들은 톈안먼에 모여 공산당 독재 타도와 민주화를 요구하는 시위를 일으켰어요. 이때 중국 정부는 시위대를 무력으로 진압하여 많은 사람들이 다치거나 죽었답니다. 이것을 '톈안먼 사건'이라고 해요.

톈안먼 사건으로 중국의 정치와 경제 발전은 한동안 침체되었지만 덩샤오핑은 위기를 수습하고 개혁·개방의 중요성을 거듭 강조했어요.

오늘날 중국은 미국 다음으로 꼽히는 경제 대국으로 성장했어요. 그 성장은 지금도 계속되고 있을 뿐만 아니라 주변국과의 관계 개선을 통해 국제 사회에서 영향력을 확대하고 있지요.

덩샤오핑 동상

5장 현대 세계의 전개

베트남에 사회주의 국가가 들어서다

끈질긴 독립 전쟁 뒤에 내전이 일어나다

세계 역사상 강대국과 맞서 베트남처럼 끈질긴 싸움을 벌인 나라는 찾기 어려워요. 베트남은 1883년 이후 프랑스의 지배에 맞서 의병 운동과 게릴라전 등으로 끈질기게 대항했어요. 제2차 세계 대전이 끝난 후 베트남은 독립 국가 건설을 기대했지만, 다가온 현실은 예상과 매우 달랐어요.

베트남의 독립 운동을 주도한 대표적인 인물은 호찌민이었어요. 그는 일찍이 독립 운동에 뛰어들었으며, 1930년에는 베트남 공산당을 만들었지요. 그리고 독립 투쟁을 위하여 베트남 독립 동맹, 즉 베트민을 조직했어요. 베트민은 일본이 패망하자 호찌민을 우두머리로 하는 베트남 민주공화국을 선포했지요.

호찌민

그러나 일본이 물러간 자리에 프랑스가 돌아와 지배하려고 했어요. 이에 베트남은 다시 프랑스와 전쟁을 벌였어요. 그 결과 북위 17도선을 경계로 북베트남은 독립했지만, 남베트남은 프랑스가 다시 지배했지요. 그래서 남베트남은 베트민을 중심으로 프랑스에 저항했어요. 결국 1954년 봄, 디엔비엔푸 전투에서 베트남은 프랑스를 물리쳤어요.

프랑스가 물러난 후 17도선 이남에는 베트남 공화국이 들어섰는데, 미국의 지지를 받던 응오딘지엠이 이끌었어요. 그 후 미국은 남베트남에 군대를 파견하고 대규모의 군사 시설을 만드는 등 베트남에서 세력을 키워 나갔답니다.

그런데 남베트남의 응오딘지엠 정권은 무능하고 부패했어요. 게다가 미국의 지원을 믿고 베트민을 탄압해 남베트남에 있던 베트민이 저항했지요. 미국과 남베트남 정부는 이들을 베트콩(베트남 공산주의자)이라 불렀어요. 저항 세력들은 남베트남 민족 해방 전선을 만들고 무장 투쟁에 나섰답니다. 이들은 베트남 사람들에게 폭넓은 지지를 받았어요.

한편, 미국은 베트남의 공산화를 막고 인도차이나 반도에서의 세력을 유지하기 위해 미국 군대를 늘려 나갔지요. 그리고 1964년 7월 30일 밤, 미국 해군은 북베트남의 땅인 통킹 만에 있는 섬을 공격했어요. 북베트남이 이를 비난하고 나섰지만, 미국은 북베트남이 꾸며낸 이야기라고 거짓말을 했어요.

베트민
(베트남 공산당)

미국이 전쟁에 본격적으로 개입하다

사흘 후 미국의 거대한 구축함 두 척이 통킹 만에 다가왔어요. 북베트남이 구축함을 공격하자, 미국 대통령은 미국 구축함이 공격당했다면서 남과 북이 대립하고 있던 베트남 전쟁에 뛰어들었답니다.

초강대국 미국과 베트남의 싸움은 당연히 미국이 승리할 것으로 예상됐어요. 그러나 베트남의 대응은 거셌어요. 베트민은 신출귀몰하게 움직이면서 기습 공격을 벌였고, 정글 속에 소형 레이더와 대공 화기를 숨겨 두고 미군의 최신예 전투기를 쏘아 떨어뜨렸지요.

막대한 군수 물자가 투입되고 많은 미국 젊은이들이 베트남 정글에서 목숨을 잃었어요. 이때 베트남 사람들을 믿지 못한 미군은 마실 물은 필리핀에서 가져왔고, 음식은 통조림만 먹었다고 해요. 세계 최강의 경제력과 군사력을 자랑하는 미국이었지만 지칠 대로 지쳤지요.

1973년에 미국은 국내의 전쟁 반대 여론에 밀려 결국 남베트남 공산주의 세력, 북베트남 그리고 남베트남과 평화 협정을 체결했어요. 그리고 미국은 비참하게 상처만을 안은 채 베트남에서 철수했지요.

평화 협정을 맺었음에도 베트남 내에서 전투는 계속되었어요. 1975년에 북베트남이 남베트남의 수도 사이공(지금의 호찌민)을 공격하자 결국 남베트남의 대통령은 무조건 항복을 결정했지요. 이로써 30년에 걸친 베트남 전쟁은 끝이 났어요. 그리고 1976년에는 북베트남과 남베트남을 통일한 베트남 사회주의 공화국이 들어섰답니다.

사회주의가 무너지다

국제 사회의 긴장 상황이 약해지다

제2차 세계 대전이 끝날 무렵 소련은 미국과 함께 초강대국이 되었어요. 그러나 군사력에 의지한 강대국일 뿐이었어요. 소련의 국민은 여전히 어렵고 힘들었지요.

사회주의 체제에 대한 불만이 높아지던 중 스탈린이 죽자, 그 뒤를 이어 권력을 장악한 흐루쇼프는 자본주의 세계와의 평화를 원했지요. 이 무렵 아시아·아프리카 신생국들이 모인 제3세계가 미국과 소련 중심의 냉전을 끝낼 것과 평화를 요구했어요. 미국도 베트남 전쟁에서 철수를 선언했어요. 그리고 국교를 단절했던 중국과 친선 탁구 경기를 개최하는 등 사회주의의 또 다른 중심 세력이었던 중국과 관계를 개선하기 위해 노력했지요. 이로 인해 국제 사회의 긴장 상황이 크게 약해졌어요. 이를 데탕트라고 해요.

소련이 사라지다

흐루쇼프의 평화 공존에 대한 생각은 1980년대 소련의 최고 지도자가 된 고르바초프에 의해 행동으로 옮겨졌지요.

1985년에 고르바초프가 등장하여 새로운 사회를 세우는 개혁 정책과 정보를 공개하는 개방 정책을 추진했어요. 이 개혁·개방 정책을 페레스트로이카와 글라스노스트라고 해요.

고르바초프는 공산당의 일당 체제가 아닌 다당제를 도입하고, 시장 경제를 좀 더 확대하는 개혁 정책을 추진했어요. 그러자 개혁에 불만이 컸던 보수파 공산당 관리들이 쿠데타를 일으켰어요. 하지만 쿠데타는 시민들의 지지를 받지 못한 채 실패하고 오히려 공산당이 해산되고 말았지요. 이후 러시아의 대통령이 된 옐친은 당시에 탱크에 뛰어 올라가 "자유와 민주주의를 위해 싸우자."라고 외쳐 모스크바 시민들의 지지를 받았어요.

개혁과 개방 정책이 추진되면서 소련을 구성하고 있던 여러 공화국에서는 분리 독립 운동이 일어났어요. 본래 소련은 여러 사회주의 공화국이 연합해서 만든 연방 국가였답니다.

1991년에 옐친이 대통령으로 있는 러시아 공화국을 비롯한 연방국들이 소비에트 연방을 탈퇴하고, 따로 독립 국가 연합을 만들었어요. 이로써 1922년에 세워진 인류 최초의 사회주의 국가였던 소련은 70년 만에 역사 속으로 사라졌답니다.

소련의 개혁과 개방을 추진한 고르바초프

독일, 통일을 다시 이루다

제2차 세계 대전을 일으켰던 독일은 전쟁에서 패했고, 미국, 영국, 프랑스 연합군과 소련이 독일의 영토를 나누어 점령했어요. 점점 냉전의 분위기가 고조되면서 소련 점령지와 연합군 점령지는 동독과 서독이 되었지요. 그리고 동독의 수도 베를린이 긴 장벽을 사이에 두고 동서로 나뉘었어요. 베를린 장벽은 오랜 기간 동안 냉전의 상징물이었답니다.

동독에서는 공산당의 일당 독재와 억압 정치가 지속되었어요. 경제적인 어려움도 커 사람들의 불만이 높았지요. 하지만 동독 정부는 여전히 낡은 체제만을 고집할 뿐이었어요.

그런데 고르바초프의 개혁과 개방 정책으로부터 시작된 소련 내부의 변화 움직임이 동유럽까지 밀려왔지요. 공산 정권에 신음하던 동독에서 민주화의 바람이 일어났어요. 1989년 동독 주민들 20여 만 명이 국경을 넘어 서독으로 탈출했고, 정부에 저항하는 대규모 시위가 연일 일어났어

요. 마침내 동독 주민들은 독재자 호네커를 몰아냈지요. 동독 정부는 더 이상 베를린 장벽을 넘어 서독으로 가는 사람들을 막을 수 없었어요.

　1989년 11월 9일, 동독 사람들은 베를린 장벽을 부쉈어요. 드디어 28년 동안 동독과 서독을 가로막고 있던 베를린 장벽이 무너지고, 동독과 서독 사람들이 자유롭게 오고갈 수 있게 되었어요. 이로써 독일은 통일을 위한 첫걸음을 내딛게 되었지요.

　1990년 3월에 동독 역사상 처음으로 자유 선거가 실시되었고, 이를 근거로 서독에 흡수되는 통일을 결정했지요. 그리고 같은 해 10월 3일에 분단 41년 만에 통일 독일이 탄생했답니다.

　현재 독일은 유럽 연합을 주도하는 유럽 사회의 가장 강력한 국가로서 자리를 잡고 있지요.

남겨진 베를린 장벽과 낙서들

인류, 우주 시대를 열다

인공위성을 쏘아 올리다

제2차 세계 대전 이후 이념적으로 대립하고 있던 미국과 소련은 우주 개발에서도 치열하게 경쟁했지요.

이러한 경쟁에서 먼저 승리한 쪽은 소련이었어요. 소련은 1957년 10월 4일, '스푸트니크 1호 발사 성공, 우주 시대의 원년을 열다!'라는 제목으로 인공위성 발사 성공을 공식 발표했어요. 소련이 우주에 인공위성을 처음 쏘아 올린 것이에요. 한 달 후에는 우주 공간의 무중력 상태에서 생물이 견딜 수 있는가를 연구하기 위해 개 한 마리를 태워 스푸트니크 2호를 쏘아 올리면서 바야흐로 우주 시대의 개막을 알렸어요. 이에 뒤질세라 미국은 바로 미국 최초의 인공위성인 익스플로러 1호를 쏘아 올렸답니다.

스푸트니크 1호

우주에 발을 딛다

처음으로 우주 비행을 하고 돌아온 것은 2마리의 개였어요. 1960년에 발사한 스푸트니크 5호는 개 2마리를 태우고 지구로 무사히 돌아왔어요. 이 실험은 인간도 우주여행을 하고 지구로 돌아올 수 있다는 믿음을 주었지요. 1961년에는 최초로 우주를 여행한 사람이 등장했어요. 영광의 주인공은 소련의 우주 비행사 유리 가가린이었지요.

이처럼 소련이 우주 개발에서 앞서자, 미국은 달로 가는 길을 개척하는 아폴로 계획을 추진했어요. 1969년 7월 16일, 닐 암스트롱을 포함한 우주 비행사 3명을 태운 아폴로 11호가 발사되었어요. 그리고 4일 후인 7월 20일, 아폴로 11호가 인류 역사상 처음으로 달 착륙에 성공했답니다.

우주 비행사들은 달에 도착해 2시간 30분 동안 머물렀어요. 세계의 수많은 사람들이 텔레비전을 통해 이 역사적인 장면을 지켜보았지요. 우주 비행사 암스트롱은 "이것은 한 인간에게는 작은 한 걸음에 불과하지만, 인류에게는 거대한 도약입니다."라며 달을 밟은 첫 소감을 감동적으로 표현했어요. 달 착륙 성공으로 미국은 나름대로 자신감을 갖게 되었어요.

이제 우주에 대한 관심은 '인간이 우주에서 살 수 있는가?'로 바뀌었답니다. 소련은 '살류트'라는 우주 정거장을 만들었어요. 그리고 1971년 6월에 승무원 3명을 우주선 소유스 11호에 태워 우주에서 살류트에 옮겨 태우는 데 성공했어요. 이들은 우주 정거장에서 23일간 머무른 뒤 지구로 돌아오다가 우주선에서 공기가 새는 사고로 목숨을 잃었답니다.

한편, 미국은 1973년에 우주 정거장 스카이랩을 발사했어요. 스카이랩은 작업실을 비롯하여 생활에 필요한 시설을 갖추었어요. 여기에서 우주

미국의 우주 왕복선 챌린저호

비행사들이 171일 동안 태양과 지구 관측 등의 연구와 실험을 할 수 있었답니다. 스카이랩 계획을 성공시킨 미국은 컬럼비아호, 챌린저호 같은 우주 왕복선도 발사했어요.

현재 지구 궤도에는 수천 개의 비행 물체가 떠 있어요. 통신용이나 기상 관측용, 군사 목적의 위성도 많지요. 1992년에 우리나라도 최초의 인공위성인 우리별 1호를 발사했어요. 이후 무궁화 위성과 아리랑 위성을 쏘아 올리는 등 우주 산업에 뛰어들었고, 2012년에는 나로호를 쏘아 올리는 데 성공했어요.

본래 우주 개발은 냉전 시대에 군사적 목적으로 시작되었어요. 냉전의 시대가 끝나고 소련은 해체되었지만, 두 나라가 경쟁적으로 우주 개발을 벌인 결과 인류는 우주에 관한 많은 지식과 정보를 얻게 되었어요.

앞으로 우주 개발의 목적은 자원을 찾는 것이에요. 인류는 미래의 부족한 자원 확보를 우주 개발에서 그 해답을 찾고 있답니다.

5장 현대 세계의 전개

사진 출처

연합뉴스, 유로크레온, 이미지 코리아, Dreamstime, Wikimedia commons(Quadell. Alkivar, John Young, Palace Painter, Asadal, Daniel Ng from Beijing, Annonymous Qing Dynasty Court Painter, Author of Qing Dynasty, Jacob Ehnmark, Albert von Keller, sailko, Bilinmiyor, Sinan Bey, Rico Heil, RicciSpeziari, L. Prang & Co., Boston, icelight, Luis García, wartburg.edu, James Brittain, Nathaniel Currier, US Capitol, Gustave Doré, Gilbert H. Grosvenor Collection, Prints and Photographs Division, Library of Congress. Essanay Studios, Jean Godefroy, Henry P. Moore, Mathew Brady, Anthony Berger, Photograph: Jonathunder, Medal: Erik Lindberg, John Platt (painter), John Burnet (engraver), Lithograph by Sarony & Co., 1855, after W. Heine, 楊洲周延, Uchida Kuichi, Thomas H. Shepherd, L1CENSET0K1LL, Rahulsahgal, Mda, Sodacan, Prenn, Steve Cadman, Joowwww, Leonard Raven-Hill, Ernest Brooks, U.S. Navy, Sergey Lvovich Levitsky, Viktor Deni, http://www.ssa.gov/history/wallst.html, Brücke-Osteuropa, Yuryi Abramochkin, U.S. Air Force photo, stanislav Traykov, National Antropology and History Museum of Mexico).

- 이 책에 실린 사진은 저작권자의 허락을 받아 게재한 것입니다.
- 저작권자를 찾지 못해 게재 허락을 받지 못한 일부 사진은 저작권자가 확인되는 대로 게재 허락을 받고 통상 기준에 따라 사용료를 지불하겠습니다.

찾아보기

ㄱ

가부키 33
경제 블록 134
계몽 군주 59
계몽주의 62
공화정 67
국제 연합 138
군벌 99
글라스노스트 157

ㄴ

나로호 163
난징 조약 96
낭만주의 90
냉전 시대 138
노예 해방 선언 86
노예무역 54
뉴딜 정책 134

ㄷ

대공황 105, 132
데탕트 156
독립 선언서 72
동인도 회사 106

ㄹ

레오나르도 다빈치 43
로코코 양식 60
루터 46
르네상스 40

ㅁ

만유인력의 법칙 60
메이지 시대 104
메이지 유신 104
면벌부 44
명예혁명 69
미켈란젤로 43
민족 자결주의 99

ㅂ

바로크 양식 60
방공 협정 137
범이슬람주의 120
베트콩 153
변법자강 운동 96
브나로드 운동 87
비동맹 중립주의 143
비폭력 불복종 운동 111
빈 체제 84

ㅅ

사라예보 사건 125
사회주의 81, 129
사회주의 혁명 127
산업 혁명 78
삼국 동맹 125
삼국 협상 125
삼부회 74, 76
세포이 107
스와데시 운동 111
스푸트니크 1호 160
시민과 인간의 권리 선언 73, 76
10월 혁명 130
시크교 28
신사 22
신항로 개척 49
신해혁명 99

ㅇ

아스테카 문명 52
아우크스부르크 종교 화의 46
아프리카의 해 140
양무운동 96
영국 국교회 47
예니체리 37
우키요에 33
의화단 운동 97
2월 혁명 84
인도·이슬람 문화 27
입헌 군주제 69
잉카 문명 52

ㅈ

자본주의 81
자유주의 84
전체주의 136

절대 왕정 시대 56
제1차 세계 대전 125
제2차 세계 대전 138
제3세계 142
조닌 문화 33
존왕양이 운동 103
종교 전쟁 47
중상주의 56
진화론 89

차르 87, 128
청교도 혁명 67
7월 혁명 84

타지마할 29
탄지마트 119
톈안먼 사건 151

파시즘 136
페레스트로이카 157

ㅎ

홍위병 149

사회와 추리의 만남
모든 사건의 열쇠는 사회 교과서에 있다!

대한민국 대표 어린이 추리 동화

〈어린이 과학 형사대 CSI〉를 잇는 또 하나의 시리즈,
교과서 속 핵심개념으로 사건을 풀어가는
'어린이 사회 형사대 CSI'의 이야기!

다섯 친구들이 펼치는 좌충우돌 형사 학교 이야기.
이제부터 사회 CSI와 함께 흥미진진한
사건들을 해결해 보자!

사회 형사대 CSI 시즌 1 완간!

❶ CSI, 탄생의 비밀 ❷ CSI, 힘겨운 시작 ❸ CSI에 도전하다 ❹ CSI, 파란만장 적응기
❺ CSI, 위기에 처하다 ❻ CSI, 경찰서 실습을 가다 ❼ CSI, 영국에 가다
❽ CSI, 정치 사건을 해결하다 ❾ CSI, 멋진 친구들! ❿ CSI, 새로운 시작!